Aktualisiert 2024

Der Unverfälschte Ägyptische Ursprung

Moustafa Gadalla

INHALT

1

ÜBER DEN AUTOR

Moustafa Gadalla ist ein ägyptisch-amerikanischer unabhängi-ger Ägyptologe, der 1944 in Kairo, Ägypten, geboren wurde. Er hat einen Bachelor of Science in Bauingenieurwesen von der Universität Kairo.

Seit seiner frühen Kindheit verfolgte Gadalla seine altägypti-schen Wurzeln mit Leidenschaft durch kontinuierliches Studium und Forschung. Seit 1990 widmet und konzentriert er seine ganze Zeit dem Forschen und Schreiben.

Gadalla ist Autor von zweiundzwanzig veröffentlichten, interna-tional anerkannten Büchern über die verschiedenen Aspekte der altägyptischen Geschichte und Zivilisation und ihre weltweiten Einflüsse. Darüber hinaus betreibt er ein Multimedia-Ressour-cenzentrum für genaue, erzieherische Studien des alten Ägypten, das auf ansprechende, praktische und interessante Weise präsen-tiert wird und die breite Öffentlichkeit anspricht.

Er war der Gründer der Tehuti Research Foundation, die später in das mehrsprachige Egyptian Wisdom Center (https:// www.egyptianwisdomcenter.org) mit mehr als zehn Sprachen eingegliedert wurde. Die Website enthält auch eine weitere laufende Aktivität, zu der seine Kreation und Produktion von darstellenden Kunstprojekten wie der "Isis Rises Operetta", "Horus The Initiate Operetta"; Ägyptische Göttinnen-Operette; und es folgen noch einige weitere Produktionen.

2

GELEITWORT VON PAUL JEFFELS

Während der gesamten Antike, bis fast zum Untergang des Römischen Reiches, wurde Ägypten als die Wiege der Zivilisation angesehen. Die Christen und Muslime unternahmen während des ganzen dunklen Zeitalters und des Mittelalters energische Anstrengungen, das kulturelle Erbe Ägyptens zu beseitigen. Ihre Hauptwaffe war es, das Wissen über die ägyptische Schrift und Sprache zu verbieten.

Jedoch überlebten so viele griechische und römische Erzählungen über den ägyptischen Ruhm in den klassischen Schriften, dass diese fehlgeleiteten Versuche lediglich dazu dienten, das Interesse in philosophischen Zirkeln zu steigern und eine Aura des Geheimnisvollen und Verbotenen um die ägyptische Weisheit und Kultur zu legen.

Dies wurde noch verstärkt durch die klassischen Schriften, die Ägypten den Ruf als Land der Magie einbrachten und durch die unzähligen Verweise auf Ägypten in der christlichen Bibel. Darüber hinaus fanden sich in philosophischen Zirkeln zahlreiche Hinweise auf die „Hermetischen Texte". Bis ins 16. Jahrhundert existierten nur lateinische Versionen dieser Texte. Im 16. Jahrhundert hatten die Gelehrten bereits über 1000 Jahre lang nach den vollständigen Texten gesucht. Als die griechische Version von beinahe allen Texten auftauchte, verursachte sie eine Sensation und hatte einen bedeutenden Einfluss auf die Renaissance.

Die hermetischen Texte sind ägyptische Weisheiten unter einer griechischen Deckschicht, die (vermutlich) um das Jahr 200 unserer Zeitrechnung in Alexandria aufgeschrieben wurden. Im 17. Jahrhundert wurden diese als Fälschungen betrachtet. Als die exoterischen Aspekte der ägyptischen Schriften im 19. Jahrhundert übersetzt wurden, stellte sich heraus, dass ein starkes ägyptisches Element darin enthalten war und es begann ein Prozess der Neubewertung des Einflusses, den die ägyptische Kultur und Weisheit auf die moderne Gesellschaft und ihre Gedanken haben.

Werte der Zivilisation

Die ägyptische Kultur basierte auf Maat – der Richtigkeit des Universums. Maat könnte man beschreiben als „das, was die Prinzipien des Seins unterstützt". Die Ägypter glaubten an das belebte Universum, in dem das Prinzip des Seins der stärkste manifestierte Aspekt des Einen großen Gottes war. Konsequenterweise konstruierten sie ihre Gesellschaft auf der Basis der funktionierenden Maat – die das Prinzip des Seins unterstützt.

Zu diesem Zweck schafften sie als erste Kultur Menschenopfer ab und verankerten die Vorstellung, dass jeder Mensch das Recht auf Leben besitzt, im Gesetz. Dies bedeutete, dass Mord und Gewaltverbrechen gegen eine Person schwere Strafe nach sich zogen. Und der Staat konnte nur Menschen bestrafen, nachdem ein ordentliches Gerichtsverfahren stattgefunden hatte. Jede Kultur und Zivilisation, die für längere Zeit bestand, hat dieses Prinzip übernommen und demonstriert, dass es sich dabei um ein wirklich grundlegendes Wissen über die Strukturen des Universums handelt.

Es ist die Grundlage der Verfassung der USA und der UN-Charta. Als sie an der Einführung dieses Kernprinzips arbeiteten, begründeten die Gesetzgeber, dass zur Unterstützung des Lebens jeder Mensch Nahrung brauchte, Unterkunft, Besitz und klar definierte Beziehungen mit anderen Menschen. All dies wurde im ägyptischen Gesetz verankert.

Die Organisation der Gedanken

Durch die Beobachtung der Realität bemerkten die Ägypter, dass Maat im Allgemeinen durch sich wiederholende Muster arbeitet. Also machten sie sich daran, diese Muster zu beobachten und Wege zu finden, mit ihnen zu arbeiten. Sie erkannten schnell, dass dies ein System zur Messung und Mengenangabe erforderte, teilweise um zu messen und zu kontrollieren und teilweise, um das menschliche Gehirn davor zu schützen, in den Glauben an Realitäten abzuschweifen, die von dem abwichen, was tatsächlich vorhanden war.

Folglich erfanden sie ein schlüssiges Schriftsystem, das Langzeitaufzeichnungen ermöglichte, ein kohärentes mathematisches System und ein effektives System von Gewichten und Maßen, das sie in die Lage versetzte, Dinge effektiv mengenmäßig zu bestimmen.

Das ägyptische mathematische System wurde außerdem noch für praktische Zwecke wie die Landvermessung (bis ins Mittelalter) verwendet, da die theoretische griechische Mathematik für diesen Zweck unbrauchbar war.

Der Staatsaufbau

Geografisch betrachtet war der ägyptische Staat der größte in der Welt der Antike vor dem Assyrischen Reich. Es bestand sicherlich am längsten – länger als jeder andere Staat in der aufgezeichneten Geschichte. Zum Teil deshalb, weil die Ägypter die Konzepte der von Staat beschäftigten Beamten und der unabhängigen Gerichtsbarkeit erfanden. Ein Problem, das dazu führte, war die jährliche Überschwemmung des Nils. Jedes Jahr wurden die Gebiete, die voraussichtlich überschwemmt werden würden, überwacht und die Ergebnisse in dreifacher Ausführung aufgezeichnet.

Nachdem die Flut zurückgewichen war, wurden diese Gebiete erneut überwacht und alle Grenzen wieder in Kraft gesetzt und Liegenschaften wieder nutzbar gemacht.

Die Ergebnisse wurden erneut in dreifacher Ausführung aufgezeichnet, bereit für den gesamten Prozess, der sich im folgenden Jahr wiederholen würde. Dieses System wurde im ägyptischen Gesetz verankert, welches an sich wahrscheinlich das gerechteste und unbestechlichste System war, das je entwickelt wurde.

Das ägyptische Recht wurde durch vom Staat ernannte Richter geregelt, von denen sich jeder auf die Verfolgung und die Einhaltung von Maat – in ihrem Aspekt der absoluten Wahrheit – verschrieben hatte. Zu diesem Zweck wurde jegliche Redegewandtheit in Gerichtsverfahren verboten.

Alle Stellungnahmen – sowohl von der Anklage als auch der Verteidigung – hatten schriftlich verfasst zu werden. Die Richter nahmen diese Aussagen und verließen den Gerichtssaal, um sie objektiv zu überdenken, bevor sie ein Urteil fällten. Wir könnten auch heute noch mit einem solchen System arbeiten!

Wissenschaft und Medizin

Ägyptische Wissenschaft und Medizin basierten vollständig auf dem praktischen Prinzip der Lebensverbesserung für die Menschen. Sie arbeiteten ausschließlich nach den moralischen Erwägungen von Maat.

Es wurde nichts unternommen oder mit etwas experimentiert, was diesem Prinzip widersprochen hätte. Wir könnten dies auch heute tun, ein Punkt, der von vielen modernen Wissenschaftlern, inklusive Albert Einstein und Robert Oppenheimer, angesprochen wurde – beide Genannten standen im Zusammenhang mit der Erfindung von Atomwaffen.

Die Griechen bestätigten, dass ihre medizinischen Kenntnisse aus Ägypten kamen. Durch Dokumente und archäologische Beweise hat sich bestätigt, dass die Ägypter gebrochene Knochen, Fleischwunden und sogar Schädelbrüche effektiv behandeln konnten.

Dies ist zu einem beträchtlichen Teil darauf zurückzuführen, dass die Ägypter die ersten Menschen waren, die die Verbindung zwischen Sauberkeit und Gesundheit erkannten. Sauberkeit bedeutete, dass invasive chirurgische Eingriffe effektiv ausgeführt werden konnten und die Bevölkerung weniger anfällig für Epidemien war. Es wird geschätzt, dass das Neue Reich ungefähr im Jahr 1300 unserer Zeitrechnung seinen Höhepunkt hatte, die Bevölkerung betrug 7 Millionen. Im Jahr 1800, nach Jahrhunderten islamischer Besetzung, betrug sie noch 3 Millionen.

Die Belege, die sowohl aus ägyptischen Quellen als auch aus anderen zivilisierten Ländern stammen, zeigen uns, dass die Ägypter bei der Behandlung von psychischen Störungen sehr erfolgreich waren. In der Tat wurden sie darin als führend in der ganzen Welt betrachtet, ein Aspekt, der von ihren intensiven Studien der Organisation des Geistes kam und den Mitteln, ihn zu kontrollieren.

Technologie, Kunst, Handwerk und Landwirtschaft

Jede Person, die ägyptische Artefakte hautnah gesehen hat, wird von der Vortrefflichkeit des Designs und der Verarbeitung beeindruckt gewesen sein. Dieser Ethos der praktischen Perfektion wurde durch die Tatsache geschaffen, dass die Ägypter keine Trennung zwischen dem Geistigen und dem Weltlichen sahen. Jedes Artefakt diente sowohl seinem unmittelbaren Zweck also auch der Arbeit des Universums bei der Pflege und Unterstützung des Seins.

Die Formen von Handwerkzeugen zum Beispiel sind Prototypen der Werkzeuge, die wir heute verwenden. Möbel und Schmuck, die identisch sind mit den ägyptischen Designs, sind in den modernen Läden der Einkaufsstraßen zu finden. Viele Rezepte, die in heutigen Heimen und Restaurants serviert werden, zierten bereits die Tische der Ägypter vor 4000 Jahren.

Das Kronjuwel der ägyptischen Technik war ihre Beherrschung der Bewässerung und das Hochwassermanagement. In vielen Teilen Ägyptens dienen Bewässerungskanäle, die schon 2500 Jahre vor unserer Zeitrechnung gegraben wurden, noch heute ihrem ursprünglichen Zweck. Alle Bewässerungssysteme, die heute verwendet werden, basieren auf den Systemen, die die Ägypter erfunden haben. Es war diese organisierte Landwirtschaft, die es dem ägyptischen Staat ermöglichte, seine riesige Bevölkerung zu unterstützen und der genügend Ressourcen besaß, um die Zivilisation zu schaffen, die wir heute noch bewundern.

Schlussfolgerung

Das alte Ägypten war die Wiege der modernen westlichen Zivilisation/Kultur. Jede Technologie und jedes System, das wir heute haben, wurde in Ägypten bereits 2500 Jahre vor unserer Zeitrechnung erdacht. Aber es gibt noch mehr, was wir von Ägypten lernen können. Was wir verloren haben, ist das Verständnis, dass jede Handlung dem Gemeinwohl dienen muss, also in ägyptischen Begriffen der Unterstützung von Maat, was in den Begriffen, die ich benutzt habe, bedeutet: der Unterstützung des Prinzips des Seins.

Wenn die menschliche Rasse sich selbst dazu disziplinieren könnte, dies zu tun, könnten wir Krieg, Hunger und beinahe jedes Verbrechen innerhalb weniger Jahre beseitigen. Das war der Glaube der Visionäre, die die Charta der Vereinten Nationen vor 70 Jahren verfassten, nach dem verheerendsten Krieg in der menschlichen Geschichte. Dieser Glaube hatte seinen Anfang im Alten Ägypten und hat – seit die Zivilisation Ägyptens durch Invasoren zerstört wurde – während der gesamten dunklen Jahre fortschrittliche Denker inspiriert.

Wir täten gut daran, uns den Glauben des alten Ägyptens und den langfristigen Erfolg seiner Anwendung erneut anzuschauen. Wir sollten seine Lehren verinnerlichen und das Verstandene, wie auch die positiven Überzeugungen in unserem eigenen Leben und der modernen Welt im Allgemeinen anwenden.

Paul Jeffels
Vorstandsmitglied der Tehuti Research Foundation
Derby
England
UK

3

VORWORT

Dieses Buch soll dazu dienen, einen kurzen einführenden Überblick über einige Aspekte der altägyptischen Zivilisation zu geben, die uns heute genauso gut in unserem täglichen Leben helfen können, egal, wo wir uns auf dieser Welt befinden.

Die vorgestellten Themen decken folgende Bereiche ab:

– Unser Platz im Universum und seine Funktionsweise

– Sich selbst verstehen und wie man seine innere Energie klärt, um glücklich und gesund zu leben.

– Probleme und alte (ägyptische) Heilmittel für die politischen, sozialen und wirtschaftlichen Bedingungen

– Wie das friedliche Zusammenleben zwischen den Völkern, dem Land und den natürlichen Ressourcen erreicht werden kann; was auch damit zu tun hat, eine saubere Umwelt zu haben.

– Verständnis und Umsetzung von harmonischen Prinzipien im Hochbau

– Würdigung der Kunst, ihrer Funktionen und Anwendungen auf harmonische Art und Weise.

– Die zeitlose Natur der altägyptischen Zivilisation.

Moustafa Gadalla

Autor

4

BEGRIFFSERKLÄRUNGEN

1. Das altägyptische Wort „Neter" und seine feminine Form „Netert" sind von fast allen Akademikern fälschlicherweise – und möglicherweise absichtlich – mit „Gott" und „Göttin" übersetzt worden. „Neteru" (Plural von Neter/Netert) sind die göttlichen Prinzipien und Funktionen des Einen höchsten Gottes.

2. Sie finden möglicherweise Variationen in der Schreibweise der altägyptischen Begriffe wie zum Beispiel Amen/Amon/Amun oder Pir/Per. Dies liegt daran, dass die Vokale, die Sie in den übersetzten ägyptischen Texten sehen, lediglich Annäherungen an die Töne sind, die von westlichen Ägyptologen verwendet werden, um die altägyptischen Begriffe/Worte aussprechen zu können.

3. Wir werden die für englischsprachige Menschen geläufigsten Wörter benutzen, um eine(n) Neter/Netert (Gott, Göttin), einen Pharao oder eine Stadt zu identifizieren, gefolgt von anderen Varianten dieses Wortes oder Begriffes.

Dabei ist zu beachten, dass der wirkliche Name der Gottheiten (Götter oder Göttinnen) geheim gehalten wurde, um die kosmische Macht der Gottheit zu schützen. Die Neteru wurden durch Beiworte benannt, die ihre besonderen Qualitäten, Attribute und/oder Aspekte ihrer Rollen beschrieben. Dies gilt für alle gängigen Bezeichnungen wie Isis, Osiris, Amun, Re, Horus, etc.

4. Beim Gebrauch des lateinischen Kalenders werden wir die folgenden Begriffe benutzen:

BCE – Before Common Era. Wird andernorts auch als BC verwendet.

BCE bedeutet „vor unserer Zeitrechnung" oder auch „v.Chr."

CE – Common Era.Wird andernorts auch als AD verwendet

CE bedeutet „heutige Zeitrechnung" oder auch „n.Chr."

(Anmerkung des Übersetzers: In der deutschen Fassung wurde teilweise das gebräuchliche v.Chr./n.Chr. verwendet)

5. Der Begriff „Baladi" wird in diesem Buch verwendet werden, um die gegenwärtige stille Mehrheit der Ägypter zu bezeichnen, die den alten ägyptischen Traditionen folgen – unter einer dünnen Außenschicht des Islam.(Siehe *Ancient Egyptian Culture Revealed"* von Moustafa Gadalla für detaillierte Informationen.)

KARTE VON ÄGYPTEN

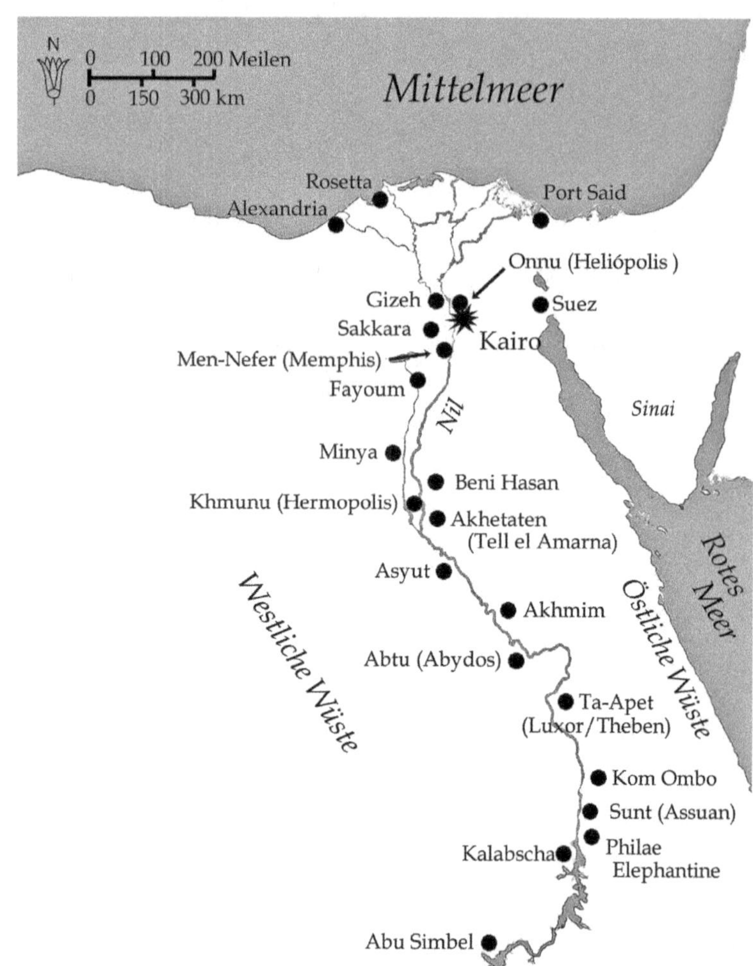

N
0 100 200 Meilen
0 150 300 km
Mittelmeer
Rosetta
Port Said
Alexandria
Onnu (Heliópolis)
Gizeh
Suez
Sakkara
Kairo
Men-Nefer (Memphis)
Fayoum
Nil
Sinai
Minya
Beni Hasan
Khmunu (Hermopolis)
Akhetaten
(Tell el Amarna)
Asyut
Westliche Wüste
Akhmim
Östliche Wüste
Abtu (Abydos)
Rotes Meer
Ta-Apet
(Luxor/Theben)
Kom Ombo
Sunt (Assuan)
Kalabscha
Philae
Elephantine
Abu Simbel

1

AUFTAKT: „IMAGINE" von JOHN LENNON

Im Jahr 1971 veröffentlichte John Lennon seinen Song *„Imagine"*, der anscheinend ein Wunschdenken eines *idealen Utopias* zu beschreiben scheint. Der ‚verträumte' Text beschrieb – von seinem Autor unbemerkt – die Bedingungen einer der Zivilisationen, die in der Weltgeschichte am längsten Bestand hatte. Die folgenden Kapitel werden zeigen, dass John Lennon die reale, langlebige Zivilisation des alten Ägyptens beschrieb. Hier ist der Text von „Imagine":

Stell dir vor, es gibt keinen Himmel
Es ist einfach, wenn du es versuchst
Keine Hölle unter uns
Über uns nur der Himmel
Stell dir die ganzen Leute vor
Die für den Augenblick leben …

Stell dir vor, es gäbe keine Länder
Es ist gar nicht schwer
Nichts, um dafür zu töten oder zu sterben
Und auch keine Religion
Stell dir die ganzen Leute vor
Die in Frieden leben …

Sie können sagen, ich bin ein Träumer
Aber ich bin nicht der Einzige

Ich hoffe, du schließt dich uns eines Tages an
Und die Welt wird eins sein

Stell dir vor, es gibt keine Besitztümer
Ich frage mich, ob du das kannst
Kein Grund für Gier oder Hunger
Ein Menschheitsbund
Stell dir die ganzen Leute vor
Die sich die ganze Welt teilen ……

Sie können sagen, ich bin ein Träumer
Aber ich bin nicht der Einzige
Ich hoffe, du schließt dich uns eines Tages an
Und die Welt wird eins sein

ENTDECKEN SIE ÄGYPTEN AUFS NEUE

Trotz des schlechten Bildes des alten Ägyptens, das sich in unseren Köpfen festgesetzt hat, gibt es zwei primäre gesicherte und anerkannte Tatsachen, die uns dazu veranlassen sollten, Ägypten aufs Neue zu entdecken:

1. The Das Fortbestehen der ägyptischen Zivilisation ist das längste in der Geschichte der ganzen Welt.

2. Herodot, der Vater der Geschichte, schrieb 500 v.Chr.:

„Von allen Nationen der Welt sind die Ägypter die glücklichsten, gesündesten und religiösesten.“

Diese beiden einfachen Tatsachen sollten uns darüber nachdenken lassen, wie und warum das passiert ist? Man sollte sich fragen, ob ein paar oder auch mehrere Aspekte dieser lange bestehenden Zivilisation uns auch in unserer heutigen Zeit helfen können.

Kann Ägypten die antike Zukunft der Welt sein? Können die Bedingungen des alten Ägyptens die archetypische ideale Gesellschaft sein, die John Lennon in seinem Lied „Imagine“ zitiert? Die kühne Antwort ist ein klares Ja, wie sich im Laufe dieses kurzen Buches herausstellen wird.

DIE HIMMLISCHEN ENGEL ÄGYPTENS

3.1 DIE HIMMLISCHEN ENGEL ÄGYPTENS

Es wird allgemein und zu Unrecht verbreitet, dass die Ägypter ein verwirrendes religiöses System mit einer unbestimmten Anzahl von Göttern und Göttinnen hatten! In Wirklichkeit wurden die sogenannten „Götter und Göttinnen" von Ägypten und ihre Funktionen in die Bibel übernommen und in „Engel" umbenannt. Das Lied von Moses im Deuteronomium (32:43), wie es in einer Höhle in Qumran am Toten Meer gefunden wurde, erwähnt das Wort „Götter" im Plural:

„Freut euch, ihr Himmel, mit ihm; und huldigt ihm, ihr Götter".

Wenn der Abschnitt im Neuen Testament (Hebräer, 1:6) zitiert wird, wird das Wort „Götter" ersetzt durch

„Engel Gottes".

3.2 MONOTHEISMUS UND POLYTHEISMUS

Wenn wir fragen „Wer ist Gott?", dann fragen wir in Wirklichkeit „Was ist Gott?" Der bloße Name oder das Hauptwort sagen uns nichts. Man kann „Gott" nur durch die Vielzahl „seiner" Attribute/Eigenschaften/Kräfte/Handlungen definieren. „Gott" zu kennen bedeutet, die zahlreichen Qualitäten von „Gott" zu kennen. Je mehr wir über diese Qualitäten (bekannt als „Neteru") lernen, desto näher kommen wir an unseren göttlichen Ursprung. Weit davon entfernt, eine primitive, polytheistische Form zu sein, ist dies der höchste Ausdruck der monotheistischen Mystik.

Die Ägypter betrachteten das Universum als einen bewussten Schöpfungsakt des Einen großen Gottes. Die grundlegende Lehre war die Einheit der Gottheit. Dieser eine Gott wurde nie dargestellt. Nur die Funktionen und Attribute seiner Domäne waren es, die dargestellt wurden. Sobald ein Verweis auf seine Funktionen/Attribute gemacht wurde, wurde er zu einem Mittel zur Unterscheidung, der die spezielle Funktion/das Attribut und dessen Einfluss auf die Welt widerspiegelt. Seine verschiedenen Funktionen und Attribute als Schöpfer, Heiler und dergleichen wurden Neteru (Singular: Neter in der maskulinen Form und Netert in der femininen Form) genannt. Als solches war ein ägyptischer Neter/Netert kein Gott, keine Göttin, sondern die Darstellung der Funktion/des Attributes des einen Gottes.

Die Neteru, die von einigen „Götter" genannt wurden, wurden unter dem neuen Namen „Engel" im Christentum zugelassen und integriert.

3.3 NETERU—DIE GÖTTLICHEN ENERGIEN

Ägyptische Texte zeigen, dass, als der Herr des Universums entstanden ist, die ganze Schöpfung entstand. Die alten ägyptischen Texten betonen, dass der *Vollständige Eine* alles beinhaltet. Der ägyptische Text lautet:

> *„Ich bin viele Namen und viele Gestalten, und mein Wesen existiert in jedem Neter".*

Die göttliche Energie, die sich im Schöpfungszyklus manifestiert, wird durch ihre einzelnen Energieaspekte definiert, die von den alten Ägyptern Neteru genannt wurde. Die NeTeRu sind die Kräfte der Natur („NaTuRe" in Englisch).

Das ägyptische Wort Neter oder Natur oder Netjer bedeutet eine Macht, die in der Lage ist, Leben zu erschaffen und zu erhalten, wenn es einmal gezeugt wurde. So wie alle Teile der Schöpfung durch den Zyklus von Geburt – Leben – Tod – Wiedergeburt gehen, tun dies auch die treibenden Kräfte während der Stadien dieses Zyklus. Dies ist auch der Grund, weswegen die altägyptischen Neteru als göttliche Energien immer wieder denselben Zyklus von Geburt – Wachstum – Tod und Erneuerung durchliefen. Ein solches Verständnis war allen geläufig, wie auch Plutarch notierte, dass die Vielzahl der Kräfte der Natur, bekannt als Neteru, geboren oder geschaffen werden, ständigen Veränderungen unterliegen, altern und sterben und wieder geboren werden.

Wir können es am Beispiel einer Raupe sehen, die geboren wird, lebt, dann ihren eigenen Kokon baut, wo sie stirbt oder besser gesagt sich in einen Schmetterling verwandelt, der Eier legt, und immer so weiter. Was wir hier haben, ist die zyklische Transformation aus einer Form/einem Stadium der Energie in eine andere.

Ein anderes Beispiel ist der Wasserkreislauf – das Wasser, das verdunstet und Wolken bildet, die wieder auf die Erde regnen. Es ist alles eine geordnete zyklische Transformation von Energien in verschiedenen Formen – der Tod als ein Stadium und die Wiedergeburt als ein anderes.

Wenn Sie an Neteru nicht als Götter oder Göttinnen, sondern als kosmische energetische Kräfte denken, können sie das altägyptische System als eine brillante Darstellung des Kosmos sehen. Philosophisch gesehen lässt sich auf diese zyklische natürliche Transformation der Spruch anwenden:

„Je mehr sich die Dinge ändern, desto eher bleiben sie gleich".

Oder: *„Einige Dinge verändern sich nicht".*

In wissenschaftlichen Kreisen ist dies als das natürliche Energieerhaltungsgesetz bekannt, das beschrieben wird als: Das Prinzip, dass Energie nie verbraucht wird, sondern nur seine Form ändert, und dass die Gesamtenergie in einem physikalischen System wie dem Universum nicht erhöht oder vermindert werden kann.

3.4 EINE FRAGE DER ENERGIEN

Die alten und die Baladi-Ägypter machten/machen keinen Unterschied zwischen einem metaphysischen Seinszustand und einem im materiellen Körper. Eine solche Unterscheidung ist eine mentale Illusion. Wir existieren auf einer Reihe von verschiedenen Ebenen gleichzeitig, von der physischsten bis hin zur metaphysischsten. Einstein stimmte mit denselben Grundsätzen überein. Seit Einsteins Relativitätstheorie ist es bekannt und akzeptiert, dass die Materie eine Form von Energie ist – einer Koagulation oder Verdichtung von Energie.

Energie besteht aus Molekülen, die mit verschiedenen Geschwindigkeitsstufen rotieren oder vibrieren. In der „physischen" Welt rotieren die Moleküle mit einer sehr langsamen und konstanten Geschwindigkeit. Deshalb scheinen Gegenstände für unsere irdischen Sinne solide zu sein. Je langsamer die Geschwindigkeit, desto dichter oder fester der Gegenstand. In der metaphysischen (geistigen) Welt schwingen die Moleküle in einer viel schnelleren oder astralen Dimension -wo die Dinge freier sind und weniger dicht. In diesem Licht betrachtet, ist das Universum im Grunde eine Hierarchie von Energien mit verschiedenen Graden der Dichte.

Unsere Sinne haben einen gewissen Zugang zur dichtesten Form der Energie, die Materie ist. Die Hierarchie der Energien ist miteinander verknüpft und jede Ebene wird durch die Ebene darunter aufrechterhalten. Diese Hierarchie von Energien ist fein säuberlich in eine riesige Matrix stark vernetzter Naturgesetze eingebettet. Sie ist sowohl physisch als auch metaphysisch. Diese Matrix von Energien kam als Ergebnis des ursprünglichen

Schöpfungsaktes zustande. Diese Energiematrix wurde im alten Ägypten mit den Neteru (Götter/Göttinnen) identifiziert. Das Vorhandensein von Energie in allem wurde schon lange von den alten und Baladi-Ägyptern erkannt. Dass es kosmische Energien (Neteru) in jedem Stein, Mineral, Holz, etc. gibt, ist eindeutig auf der Shabaka Stele (8. Jahrhundert v.Chr.) festgehalten, dort heißt es:

„Und so traten die Neteru (Götter, Göttinnen) in ihre Körper ein, in Form von jeder Art von Holz, von jeder Art von Mineral, wie jede Art von Ton, wie alles, was auf ihm wächst (gemeint ist die Erde)."

Die universelle Energie-Matrix umfasst die Welt als ein Produkt eines komplexen Systems von Beziehungen zwischen Menschen (lebenden und toten), Tieren, Pflanzen und natürlichen und übernatürlichen Phänomenen. Dieses Grundprinzip wird – wegen seiner zentralen Prämisse, dass alle Dinge durch die Lebenskräfte animiert (bewegt) werden – oft *„Animismus"* genannt. Jede kleinste Teilchen von allem ist in ständiger Bewegung, das heißt mit Energie versorgt, wie die kinetische Theorie bestätigt.

Mit anderen Worten: Alles ist animiert (bewegt) – Tiere, Bäume, Felsen, Vögel, sogar die Luft, Sonne und Mond. Die schnellere Form der Energien – diese unsichtbaren Energien im Universum – werden von vielen „Geister" genannt. Geister/Energien arbeiten mit verschiedenen Dichtegraden, die mit den unterschiedlichen Geschwindigkeiten der Moleküle zusammenhängen. Diese schnellen (unsichtbaren) Energien bewohnen bestimmte Bereiche oder sind mit bestimmten Naturphänomenen verbunden.

Geister (Energien) existieren in *Familiengruppen* (das heißt, sie sind miteinander verwandt). Energien können nach Belieben eine stärker verdichtete Energie (Materie) wie Mensch, Tier, Pflanze oder jede andere Form einnehmen. Der Geist belebt den menschlichen Körper bei der Geburt und verlässt ihn mit dem Tod.

Manchmal kann mehr als ein Energiegeist in einen Körper eintreten. Wir hören oft, dass eine Person nicht das Gefühl hat, sie selbst zu sein oder „vorübergehend verrückt" ist, „besessen", „neben sich steht" oder mehrere Persönlichkeiten hat. Die Energien (Geister) haben bis zu einem gewissen Grad einen Einfluss auf uns alle. Da das geschaffene Universum geordnet ist, ist seine Energiematrix ebenfalls wie eine gut geölte Maschine mit neun einander durchdringenden und sich gegenseitig beeinflussenden Bereichen.

3.5 AUS ÄGYPTEN HERAUS

Genau das, was jetzt die christliche Religion genannt wird, hat bereits im Alten Ägypten existiert, lange vor der Übernahme ins Neue Testament. Der britische Ägyptologe Sir E. A. Wallis Budge schrieb in seinem Buch *„Die Götter der Ägypter" (1969):*

> *„Die neue Religion (Christentum), die dort vom Heiligen Markus und seinen unmittelbaren Nachfolgern gepredigt wurde, ähnelte in allen wesentlichen Punkten sehr stark dem, was bei der Verehrung des Osiris, Isis und Horus entstanden ist".*

Die Ähnlichkeiten, die von Budge und jedem, der die Allegorie der ägyptischen Götter Osiris/Isis/Horus mit der Geschichte des Evangeliums verglichen hat, festgestellt wurden, sind bemerkenswert. Beide Erzählungen sind praktisch gleich, z. B. die übernatürliche Empfängnis, die göttliche Geburt, die Kämpfe gegen den Feind in der Wüste und die Auferstehung von den Toten zum ewigen Leben. Der wesentliche Unterschied zwischen den „zwei Versionen", ist, dass das Evangelium als historische Geschichte betrachtet wird und der Osiris/Isis/Horus-Zyklus nur als eine Allegorie. Die spirituelle Botschaft der alt-ägyptischen Osiris/Isis/Horus-Allegorie und der christlichen Offenbarung ist genau dieselbe.

Der britische Gelehrte A. N. Wilson wies in seinem Buch „Jesus"
auf Folgendes hin:

*„Der Jesus der Geschichte und der Christus des Glaubens sind
zwei getrennte Wesen mit sehr unterschiedlichen Geschichten.
Es ist schwierig genug, den Ersten zu rekonstruieren und bei
dem Versuch werden wir wahrscheinlich dem Zweiten einen
nicht wieder gutzumachenden Schaden zufügen".*

Es liegt eine unbestreitbare Ironie und eine tiefe, unbestreitbare
Wahrheit in Hoseas prophetischem Spruch: *„Aus Ägypten habe
ich meinen Sohn gerufen."* In der Tat eine schwere Ironie.

3.6 ÄGYPTISCHE KOSMOLOGIE UND ALLEGORIEN

Das kosmologische Wissen des alten Ägyptens wurde in einer
Erzählform (Geschichte) ausgedrückt, die ein überlegenes Aus-
drucksmittel sowohl für physische als auch metaphysische Konzepte ist. Gut gestaltete Allegorien sind der einzige Weg, um
die tiefsten Wahrheiten über Gott, die Schöpfung, das Leben,
die Seele, unseren Platz im Universum und unseren Kampf, eine
höhere Stufe der Einsicht und des Verständnisses zu entwickeln,
zu erklären.

Allegorien sind ein bewusst gewähltes Mittel zum Kommuni-
zieren von Wissen. Allegorien dramatisieren kosmische Gesetze,
Grundsätze, Prozesse, Beziehungen und Funktionen und drücken diese auf leicht verständliche Weise aus. Sobald die inneren
Bedeutungen der Allegorien offenbart worden sind, werden sie
zu Wundern von gleichermaßen wissenschaftlicher als auch philosophischer Vollständigkeit und Prägnanz.

Je länger sie studiert werden, desto gehaltreicher werden sie. Die
„innere Dimension" der Lehren, die in jede Geschichte eingebettet ist, ist in der Lage, mehrere Schichten von Wissen zu offen-
baren, entsprechend des Entwicklungsgrades des Zuhörers. Die
„Geheimnisse" werden enthüllt, wenn sich jemand weiter entwi-

ckelt. Je höher wir kommen, desto mehr sehen wir. Es ist immer da.

Jeder gute Schriftsteller oder Dozent weiß, dass Geschichten die beste Mittel zum Erläutern des Verhaltens von Dingen sind, weil die Beziehungen von Teilen miteinander und mit dem Ganzen, leichter im Gedächtnis bleiben. Die ägyptischen Weisen wandelten gebräuchliche sachliche Substantive und Adjektive (Indikatoren von Eigenschaften) um in reine aber leicht zu begreifende Substantive. Diese wurden zusätzlich personifiziert, damit sie in die Geschichte eingewoben werden konnten.

Die Ägypter glaubten nicht, dass ihre Allegorien historische Tatsachen wären. Sie glaubten AN sie, in dem Sinne, dass sie an die Wahrheit hinter den Geschichten glaubten. Die alten Ägypter hatten zahlreiche Allegorien wie die Osiris/Isis/Horus-Allegorie.

4

ENTDECKEN SIE IHRE INNEREN KRÄFTE

4.1 ÜBERNEHMEN SIE DIE KONTROLE ÜBER IHR PERSÖNLICHES LEBEN

Während andere darauf bestehen, dass alle Menschen „geborene Sünder" sind, betonen und bauen die ägyptischen Lehren auf das Positive, dass in jedem Menschen ein „Schatz" liegt, der nur durch die Suche nach ihm zu finden ist. Die ägyptischen Lehren befreien das innere verborgene Potenzial des menschlichen Wesens, die Energien zu erkennen und auszugleichen, um zu lernen, Wissen zu sammeln und zu erreichen. Jeder von uns muss wissen, wie diese inneren und uns umgebenden Energien einschließlich aller Kräfte, Wünsche, Emotionen, etc., die in jedem von uns liegen, zu handhaben sind.

Sozialgesetze müssen demselben Muster der Energie-Organisation folgen wie das Universum. Wie oben so unten. In Konzentrationen, vor allem wenn sie massiv und unkontrolliert sind, ist diese innere Energiematrix potenziell gefährlich, sogar tödlich. Hyperaktiv oder wütend zu sein, sind menschliche Beispiele für unkontrollierte, massive Energien. Es ist daher von größter Wichtigkeit, dass die Energiematrix verstanden, verwaltet und kontrolliert wird.

Das Prinzip der kosmischen Ordnung auf allen Ebenen, einschließlich der Menschen wird von den Ägyptern einfach „Maat" genannt. Ma-at ist die Netert (Göttin), die das Prinzip der kosmischen Ordnung repräsentiert. Das Konzept, mit dem nicht nur die Menschen, sondern auch die Neteru (Götter, Göttinnen) selbst regiert wurden und ohne welches die Neteru (Götter, Göttinnen) überflüssig sind.

Um irgendein Problem in Ihrem Leben zu lösen, müssen Sie nur Ihre innere Maat in Ordnung, Gleichgewicht und Harmonie bringen. Maat wird Sie dabei führen, das Chaos (die undifferenzierte Energie/Materie und Bewusstsein) zu ordnen. Mehr über Maat folgt später in diesem Kapitel.

4.2 VERFOLGEN SIE IHREN EIGENEN PFAD ZUR QUELLE

In Ägypten war das, was wir jetzt „Religion" nennen, so umfassend anerkannt, dass es nicht einmal einen Namen brauchte, weil es das Leben selbst in all seinen Aspekten ist. All ihr Wissen, das auf dem kosmischen Bewusstsein beruhte, wurde in ihre täglichen Arbeiten eingebettet, die zu Traditionen wurden.

Im ägyptischen Modell geht es nicht um die Außenwelt oder eine Gemeinschaft der Gläubigen oder Dogmen, Schriften, Regeln oder Rituale. Es geht nicht einfach darum, zu glauben, dass Gott dies oder das oder jenes ist. Es geht nicht darum, jemanden zu bitten „zu glauben" und dann ist er automatisch in Gottes Gnaden. Das ägyptische Modell besteht aus Ideen und Praktiken, die das Werkzeug für jeglichen spirituellen Sucher bieten, um auf seinem Pfad in Richtung „Vereinigung mit dem Göttlichen" Fortschritte zu machen.

Dieser spirituelle Weg zur Vereinigung erfordert es, sich der harten und manchmal schmerzhaften (aber frohen) Hingabe der inneren und äußeren Reinigung zu verpflichten. Der Suchende muss die Erkenntnis der Realität/Wahrheit erhalten, stets Gutes zu tun und das, was er/sie gelernt hat, in der Welt anzuwenden. Es ist eine Philosophie des Lebens, eine Art und Weise des individuellen Verhaltens, um die höchste Moral und inneres Glück und Frieden zu finden.

Die allgemeine Auffassung der Mystik ist es, dass es möglich ist, eine Gemeinschaft mit Gott zu erreichen. Und zwar durch die Kenntnis der geistigen Wahrheit mittels der Intuition, die durch feste Meditationsstrukturen erworben wird. Das ägyptische Modell zur Erreichung der Erkenntnis basiert auf der Verwendung von Intellekt und Intuition. Die natürlichen Prinzipien und Praktiken des ägyptischen Modells sind im Westen wie im Osten verbreitet. Ein mystischer Sucher ist jeder, der glaubt, dass es möglich ist, eine direkte Erfahrung von Gott zu haben.

Das ägyptische Modell der Mystik ist ein natürlicher Ausdruck der persönlichen Religion. Der Suchende hat das Recht, ein Leben der Kontemplation zu verfolgen, auf der Suche nach dem Kontakt mit der Quelle des Seins und der Realität. Die mystischen Sucher verfolgen die Erkenntnis der Wirklichkeit/Wahrheit Gottes, die nicht durch dogmatische Religionen gewonnen werden kann

Das ägyptische Modell der Mystik (Sufismus) ist nicht eine Frage des Glaubens und Dogmas, sondern eine persönliche Leitlinie. Jeder von uns ist ein einzigartiges Individuum. Die alten Ägypter führten ihren Glauben an die Individualität in all ihren Texten auf. Es gab nie zwei identische transformatorische (Beerdigungs-) oder medizinische (so genannte „magische") Texte für zwei Individuen. Es gibt keine dogmatische Einheitsdoktrin.

Das ägyptische Modell erkennt die Einzigartigkeit jedes Individuums an und weiß, dass die Wege zu Gott so zahlreich sind wie die Anzahl der Suchenden. Die Wege zu Gott sind wie Flüsse – sie kehren alle zur selben Quelle zurück. Das gesamte ägyptische Denken basiert auf diesem Prinzip – Variationen zu einem Thema.

Die mystischen Suchenden erzeugen ihre eigene Art des kollektiven Lebens. Ähnlich gesinnte Sucher bilden Netzwerke von Meistern und Schülern, die *„Wege"* genannt werden. Der Rahmen eines *„Weges"* wird besser als *„Gemeinschaft"* beschrieben. Ein ägyptisches Modell einer mystischer Gesellschaft (Orden) kann jederzeit und überall gebildet werden.

Die Vielfalt der Menschheit zeigt sich in der Vielfalt der Gemeinschaften. Folglich werden Gemeinschaften bezüglich ihrer Art, Lehren und Übungen etc. variieren. Das Fortschreiten auf dem geistigen Weg wird durch Strebsamkeit erworben und ist eine Frage der bewussten disziplinierten Handlungen. Jedes neue/erhöhte Bewusstsein entspricht einem neuen Erwachen. Die Bewusstseinsebenen werden als Tod – Wiedergeburt bezeichnet. Ein solches Denken hat das alte (und heutige) Ägypten durchdrungen, wo Geburt und Wiedergeburt ein ständiges Thema sind.

Das Wort Tod wird im übertragenen Sinn verwendet. Das Thema, dass der Mensch „stirbt, bevor er stirbt" oder dass er in seinem jetzigen Leben „wiedergeboren" werden muss, wird symbolisch genommen oder mit einem Ritual zelebriert. Dabei hat der Kandidat bestimmte Erfahrungen zu durchleben (technisch als „Todesfälle" bezeichnet). Ein gutes Beispiel ist die Taufe, die das Hauptziel von Ostern war, nach der Fastenzeit – die den Tod des alten Selbst durch Eintauchen ins Wasser und die Wiedergeburt des neuen/erneuerten Selbst durch das Entsteigen aus dem Wasser dargestellt wird.

4.3 DIE SITTEN UND DIE MORAL VON MAAT

Nach der ägyptischen Philosophie (obwohl die ganze Schöpfung ihrer Herkunft nach geistig ist) wurde der Mensch sterblich geboren aber enthält in sich die Saat des Göttlichen. Sein Ziel in diesem Leben ist es, diese Saat zu nähren, und seine Belohnung, wenn er erfolgreich ist, ist das ewige Leben, wo er sich mit seinem göttlichen Ursprung wieder vereinen wird. Pflanzen im

Boden zu nähren ist analog zum Nähren des Geistes auf der Erde durch gute Taten. Der Mensch kommt mit höheren göttlichen Fähigkeiten (in einem noch unerwachten Zustand) auf die Welt, die die Essenz seiner/ihrer Erlösung sind. Die ägyptische Religion ist daher ein System von Praktiken, die darauf abzielen, die noch schlafenden, höheren Fähigkeiten zu erwecken.

Die Betonung des Begriffes „Erwachen" in der ägyptischen Religion kann nicht genug betont werden. Moralisches Verhalten, zum Beispiel, kommt nicht nur vom Lernen bestimmter Werte, sondern wird sowohl durch den Verstand als auch durch Erfahrung erworben. Innere Reinigung muss durch das Praktizieren eines täglichen guten Sozialverhaltens vervollständigt werden. Jede Handlung prägt sich dem Herzen ein. Das innere Wesen einer Person ist wirklich die Spiegelung seiner Taten und Handlungen. Gute Taten zu vollbringen, erschafft somit gute innere Qualitäten; die Tugenden, die sich dem Herzen eingeprägt haben, regeln wiederum die Handlungen der Glieder. Da jede Handlung, jeder Gedanke und jede Tat sich ins Herz einprägen, wird dies eine Eigenschaft dieser Person. Diese Reifung der Seele durch erworbene Eigenschaften führt zu progressiven mystischen Visionen und der ultimativen Vereinigung mit dem Göttlichen.

Die antike ägyptische Weisheit hat immer großen Wert auf die Kultivierung ethischen Verhaltens und Diensten für die Gesellschaft gelegt. Die ägyptischen Traditionen und Praktiken betonen die Charakterbildung, das gute Benehmen, familiäre Werte, Zweckmäßigkeit und Vorteile der Ehe, harmonische Beziehungen, gesellschaftliche Aufgaben, Arbeitsethik, Verantwortlichkeit, usw.

Jeder muss sein oder ihr eigenes Leben leben und jeder von uns muss seinen eigenen Weg gehen, geführt von Ma-at. Das Konzept der Ma-at hat alle ägyptischen Schriften durchdrungen, von den frühesten Zeiten an durch die gesamte ägyptische

Geschichte. Ma-at kann nicht einfach durch ein Wort übersetzt oder definiert werden. Grundsätzlich könnten wir sagen, dass es bedeutet, dass das, was Recht ist, auch sein soll; also das, was entsprechend der richtigen Reihenfolge und Harmonie des Kosmos und der Neteru und der Menschen, die ein Teil davon sind, ist.

Ma-at, der Weg, umfasst die Tugenden, Ziele und Aufgaben, die die akzeptable, wenn auch nicht ideale, soziale Interaktion und das persönliche Verhalten definieren.

Eine Zusammenfassung des ägyptischen Prinzips der Gerechtigkeit zeigt sich in dem, was als die *„Negativen Schuldbekenntnisse"* populär geworden ist. Ein detaillierteres Bild eines gerechten Menschen und dem erwarteten Verhalten und den Ideen der Verantwortung und Strafe kann man an den Wänden der Grabkammern sehen und in mehreren literarischen Sammlungen erhalten – den in der Regel als „Weisheitstexte" bezeichneten systematischen Anweisungen, die sich aus Maximen und Vorschriften zusammensetzen. Unter ihnen sind die 30 Kapitel der Lehre von *Amenemope (Amenhotep III)*, die viele Weisheitstexte enthalten, die später im Alten Testament ins *„Buch der Sprüche"* übernommen worden sind.

SO FUNKTIONIERT DEMOKRATIE!

5.1 AKTUELLE PROBLEME UND ALTE LÖSUNGEN

In allen demokratischen Ländern sind die Bürger unzufrieden mit ihrem Regierungssystem und behaupten, dass es nicht ihre Interessen präsentiert. Viele verteidigen den Status quo damit, dass die Alternative schlimmer wäre.

Hier sind einige der erkennbaren Hauptprobleme:

- Einfluss des Geldes auf die Politik

- Besondere Interessen der Lobbyisten beim Entscheidungsprozess im Regierungssystem

- Karrierepolitiker und nicht Volksvertreter

- Eine vollständige Lähmung zwischen den Regierungszweigen

- Die individuelle Wahl der Kandidaten basiert auf einem Persönlichkeitswettbewerb und nicht auf der wirklichen Darstellung wie *„Mit welchem Kandidaten würde ich gerne ein Bier trinken?"* oder *„Welcher Kandidat sieht strenger aus als der andere?"*

- Die Unterschiede zwischen den politischen Parteien sind so gering, dass es in vielen Fällen gar keine praktischen Unterschiede gibt und die Ergebnisse werden denjenigen begünstigen, der mehr Geld und/oder eine größere „magnetische Anziehungskraft" besitzt.

Aber es gibt Alternativen, um die gegenwärtigen Probleme zu beheben, indem man zum unverfälschten Ursprung eines solchen Systems zurückgeht. Es wurde mehrfach erwähnt, dass Griechenland die Quelle der Demokratie und des demokratischen Regierungssystems ist. Die bloße Wiederholung von Dingen kann manchen Menschen ein Wohlgefühl geben, aber die alleinigen Wiederholungen werden sie nicht zu Fakten werden lassen, ohne Beweise dafür! Lassen Sie uns die reine ägyptische Quelle erneut besuchen, die Plato in seinen Schriften über die Republik, Gesetze und andere Teile seiner gesammelten Schriften übernommen hat.

5.2 COMMONWEALTH GEGEN ZENTRALREGIERUNG

Es ist von allen Politikern auf allen Regierungsebenen allgemein anerkannt, dass *„die gesamte Politik eine lokale Angelegenheit ist"*. Das altägyptische System als echtes „Grassroots"-System (Basissystem) beginnt auf lokaler Ebene. Um die Individualität des Gemeinwesens und seine gesellschaftspolitische Kohärenz zu schützen, wurde ein duales System zwischen verschiedenen Regierungsformen benötigt – dies wäre die Art von „Commonwealth"-artiger Allianz, bei der die Koalitionen gebildet werden, um besondere Aufgaben und Verantwortungen zu teilen, sodass alle von ihnen profitieren können. Dies wurde – wie Strabo bestätigte – im Grunde auf drei Ebenen umgesetzt: auf der Gemeindeebene, der Bezirksebene (Landkreis) und der Provinzebene (Staat).

Diese Organisationsformen variierten von einem Gebiet zum anderen und von einer Epoche zur anderen. Bei den alten Ägyptern waren diese zwanglosen politischen Organisationen Tradition. Im Gegensatz zu den autokratischen Arten der Zentralregierung erkannte die commonwealthartige Regierung die Bedeutung der Basis – die Ortsgemeinschaften.

Koalitionen werden gebildet, um besondere Aufgaben und Verantwortlichkeiten zu teilen, von denen alle profitieren können, wie kommunale öffentliche Projekte, Handel, Nichtangriffs-Verträge, Durchfahrtsrechte, usw.

Im Gegensatz zum autokratischen Denken der Wissenschaft war die Organisation der altägyptischen Regierung nicht von der Spitze (Pharao) zur Basis (Ortsgemeinde) aufgebaut. Sie wurde von unten nach oben gebildet – von den örtlichen Gemeinden zu den Bezirken bis zur regionalen und nationalen Ebene – jede unter ihrer gewählten Regierung. Jede Organisationsebene hatte dieselbe Struktur, nur auf einem kleineren/größeren Maßstab abgebildet, als ein Hoher Rat mit seinen administrativen Aufsichtsbeamten.

Die Ältesten, die die etablierten Zweige der Gemeinschaft darstellen, bildeten einen Rat (Legislative), der einen Vorsteher wählte. Dieser Ältestenrat unterstützte den Vorsteher bei der Leitung der Gemeinde. Der Ältestenrat diente als ein Gericht, das dem Vorsteher die Zugriffsrechte zu Ressourcen (wie Land, Wasserrechte usw.), organisierten öffentlichen Bauvorhaben usw. erteilte.

Das antike ägyptische politische System stimmt überein mit unseren aktuellen Slogans *„beschränkte Regierung"*, *„regieren bei Bedarf"*, *„die beste Regierung ist die geringste Regierung"* und *„Regierung vom Volk, durch das Volk und für das Volk"*.

Allianzen zwischen Gemeinden/Regionen können aufgelöst, verändert oder neu strukturiert werden, das bedeutet *„regieren nach Bedarf"* – für bestimmte Zwecke oder eine bestimmte Dauer – und so machten sie es auch während der gesamten altägyptischen Geschichte. Wir sollten solche Änderungen nicht falsch verstehen als Umbruch oder Chaos, sondern als wahre Anwendung von *„leben und leben lassen"*. Dies ist eine echte „Grassroots"-Demokratie (Basisdemokratie).

Ein Beispiel wäre der Zustand des ganzen Landes Ägyptens während der 22. Dynastie, der von der langen Inschrift des Königs Takelot II (860-835 v. Chr.) im Tempel von Karnak abgeleitet werden kann. Von diesem Text her ist es klar, dass es mehrere regionale Regierungen gab, die jeweils ihren eigenen König/Führer hatten. Es gab während dieser Zeit keine Anzeichen von Kriegen oder Streit, im Gegensatz zur Vorstellung der westlichen Akademiker.

Die westliche Wissenschaft ist besessen von dem Typ „Zentralregierung" und ohne eine solche Regierungsform würde es Chaos, Streit und Bürgerkrieg geben … usw.! Das ägyptische System ist die wahre Form einer Basis-Republik/- Demokratie, die die Quelle von Platons *„Gesammelten Dialogen"* zu den Themen Recht und Republik bildet.

5.3 DIE MITVERANTWORTUNG DES VOLKES – INDIVIDUEN INNERHALB EINES FORUMS/EINER PARTEI

Jeder Einzelne hat das Recht, seine Vertreter vor Ort zu wählen, die die kollektiven Interessen einer Gemeinschaft auf allen Ebenen vertreten werden. Um einen Vertreter für einen besonderen Zweck/Auftrag/Aufgabe zu wählen, wurde ein Caucus-artiger Ablauf durchgeführt. *(Caucus = Mitgliederversammlung, häufig zur Vorwahl einer Partei; oder auch informeller Führungszirkel; Anm. d. Ü.)*

Bei Angelegenheiten regelmäßiger, lokaler Natur kann eine Person an den öffentlichen Sitzungen ihres Gemeinderates oder des Ältestenrates teilnehmen. Außerdem kann eine Person auch eine Petition über jegliche Angelegenheit einreichen und eine Antwort der zuständigen Behörden darauf war obligatorisch, wie es aus Hunderten von wiederentdeckten altägyptischen Papyri offensichtlich hervorgeht.

5.4 GERECHTE BESTEUERUNG UND IHRE RECHTFERTIGUNG

Es gab keine Einkommensteuer jeglicher Art. Es gab Nutzungs-
gebühren für einen bestimmten Zugang zu etwas oder für eine
Dienstleistung. Es war ein wirklich freies Marktsystem mit mini-
maler staatlicher Einmischung. Es war eine lebendige Markt-
wirtschaft.

Ein Gemeinderat durfte eine angemessen berechnete Gebühr für
eine bestimmte Dauer festsetzen, um die Mittel für ein bestimm-
tes Projekt zu sammeln. Nur die betroffenen/profitierenden Parteien waren zur Zahlung verpflichtet. Kurz gesagt gab es
Steuern/Gebühren für spezifische Zwecke und niemals eine
generelle Besteuerung, die an den Fiskus ging, um sie für „allgemeine" Zwecke auszugeben!

5.5 WURZELN UND HEILMITTEL DER INNEREN KONFLIKTE

Das Hauptmerkmal einer Gesellschaft sollte *„Einer für alle und
alle für einen"* sein. Eine „Grassroots"- Demokratie zu haben,
gewährleistete die friedliche Existenz aller. Konflikte, falls es sie
überhaupt gab, wurden abhängig von der Komplexität des Themas auf unterschiedliche Weise gelöst.

Für detailliertere Informationen lesen Sie *"Ancient Egyptian Culture Revealed" von* Moustafa Gadalla.

5.6 EXTERNE KONFLIKTE – KRIEG UND FRIEDEN

Wie in einem späteren Kapitel erläutert werden wird, gab es
kein "Eigentum" an Grund und Boden. Man hatte das Recht, ein
Stück Land für für den ein oder anderen Zweck zu pachten und
bezahlte dafür eine Pachtgebühr. Das oben beschriebene gesellschaftspolitische System von *„leben und leben lassen"* schuf nicht
dieses falsche Gefühl von „Nationalismus", das durch künstliche
Grenzen geregelt wurde. Daher gab es kaum Grenzkonflikte.

Es ist allgemein bekannt, dass die (alten und heutigen) Ägypter ein nicht kriegerisches Volk sind. Das kommt daher, dass Ägypten nie an einem Reich interessiert war, und schon gar nicht an militärischer Besetzung. Ägypten war nur daran interessiert, die feindlichen Elemente zu neutralisieren, die ihre eigene Sicherheit zu stören drohten. Ägypten musste sich für eine solche Aufgabe fast ausschließlich auf ausländische Söldner verlassen. Die Pharaonen des Neuen Reiches nutzten Diplomatie und Eheschließung mit ausländischen Prinzessinnen, um Konflikte zu vermeiden, und setzte nur Gewalt ein, wenn alles andere versagte.

Krieg folgte für die alten Ägypter bestimmten Regeln, die streng waren wie ein Schachspiel und bestimmte Rituale hatten. Sie waren wirklich die zivilisierten Menschen. Ein Krieg hatte eine tiefe religiöse Bedeutung. Es symbolisierte die Kräfte der Ordnung, die das Chaos kontrollierten und die des Lichts, das über die Finsternis triumphierte.

In alten ägyptischen Tempeln, Gräbern und Texten waren die menschlichen Laster als Fremde dargestellt (der kranke Körper ist krank, weil fremde Keime in ihn eingedrungen waren/sind). Fremde werden als unterworfen dargestellt – die Arme auf den Rücken gebunden – um die innere Selbstkontrolle darzustellen. Das anschaulichste Beispiel für die Selbstkontrolle ist die gemeinsame Darstellung des Pharaos (der perfektionierte Mensch) an den Außenwänden der altägyptischen Tempel, der die ausländischen Feinde unterwirft/kontrolliert – die Feinde (Verunreinigungen) in sich.

Dieselbe „Kriegs"-Szene, die symbolisch zu betrachten ist und keine echten historischen Ereignisse darstellt, wiederholt sich in den Tempeln im ganzen Land. Die „Kriegs"-Szenen symbolisieren den nie endenden Kampf zwischen Gut und Böse. Die westlichen Akademiker sind unfähig, metaphysische Realitäten zu verstehen und „machen" daher historische Ereignisse aus den metaphysischen Konzepten. Die berühmte *„Schlacht von Kadesch"* ist in Wirklichkeit das persönliche Drama des Individuums des *„göttlichen Menschen"* (der König in jedem von uns), der im Alleingang die inneren Kräfte des Chaos und der Finsternis bändigt. Kadesch bedeutet heilig. Daher bedeutet die Schlacht von Kadesch den inneren Kampf- ein Heiliger Krieg innerhalb jedes Einzelnen

DER UMGANG MIT MUTTER ERDE

6.1 MIETER NICHT EIGENTÜMER

Das Konzept von „Land" bedeutete für die Ägypter (alte und Baladi) nicht die Prämisse, dass Land ein Eigentum ist, das besessen werden kann.Für sie haben die Menschen nur dann das Recht, ein Land zu besitzen, wenn sie es bewirtschaften, und sie können nur die Früchte ihrer Arbeit besitzen.Die alten Ägypter hatten kein Verb, das „besitzen" oder „haben" bedeutet und auch kein anderes Verb für „jemandem gehören".Den Landwirten ist der Zugang zu dem Land nur erlaubt, wenn sie es bewirtschaften.

Dieses Konzept von „Land" gibt es in vielen Ländern der Welt – wo es „öffentliches Land" (oder ähnlich) genannt wird. Die Idee dahinter ist es, dass das Land der Regierung (also dem Volk) „gehört" und Zugang jenen Menschen gewährt wird, die auf eine bestimme Art und Weise darauf arbeiten (Bergbau, Weideland, usw.). Die Arbeit der Bauern war/ist eng verbunden mit den Aufsichtsbeamten über die örtlichen (und regionalen) Wasserressourcen.

6.2 SEI VORSICHTIG MIT DEM, WAS DU TUST

Der Glaube der alten und Baladi-Ägypter an den Animismus spiegelt sich in ihren traditionellen Beziehungen zwischen den Menschen und der Erde. Die Ägypter glaubten/glauben, dass

Land keinen Wert hat ohne den Menschen und umgekehrt, dass die Menschen nicht ohne Land existieren können. Sie erkennen und respektieren die übernatürlichen Bewohner des Landes – jeglichen Landes.

Die Geister eines Ortes (Bäume, Felsvorsprünge, Flüsse, Schlangen und andere Tiere und Gegenstände) wurden von den ursprünglichen Gründern, die gekommen sind und das Land zu einem früheren Zeitpunkt bewohnt haben, identifiziert und beschwichtigt. Die Geister des Landes können je nach Ort variieren oder so eng mit dem Wohlergehen einer Gruppe zusammenhängen, dass sie an einen neuen Ort mitgenommen werden, als Teil des Fortbestands einer Gruppe und deren früherer Heimat.

Die Rechte einer Gruppe, die durch gemeinsame genealogische Abstammung bestimmt werden, wurden mit einem bestimmten Ort und den dortigen Siedlungen verbunden, nicht durch „Besitztum", sondern aufgrund ihres Paktes mit den Ur-Geistern des Landes/Ortes. Die Geister der Familie und des Ortes verlangten die Loyalität gegenüber den kommunalen Tugenden und der Autorität der Ältesten bei der Aufrechterhaltung der alten Überzeugungen und Praktiken.

Neuankömmlinge (spirituelle Migranten) treten der örtlichen geistigen Bevölkerung in einem neuen Bund zwischen ihnen und den Geistern des Ortes bei. Dieser Bund legitimiert ihre Ankunft. Im Gegenzug für die regelmäßige Huldigung dieser Geister, konnten die Gründer den dauerhaften Zugang zu den örtlichen Ressourcen beanspruchen. Dabei wurden sie das verantwortliche Geschlecht für das vererbbare lokale Priestertum und die Leitung des Dorfes und wurden/werden von den späteren menschlichen Ankömmlingen als „Besitzer des Ortes" anerkannt.

6.3 HALTE SIE SAUBER

Dieser Geist des Animismus macht die Menschen zu Umweltschützern, weil sie alles mit Sorgfalt und Respekt behandeln. Eine solche Koexistenz mit der Natur – in all ihren Formen – war eine zwingende Voraussetzung für jeden Menschen.

Hier sind einige der 42 bekannten *„Negativen Schuldbekenntnisse"* der alten Ägypter, die betonen, dass jeder ein wahrer Umweltschützer sein muss, damit die Wiedervereinigung mit der Quelle erfolgreich sein wird.

7- Ich habe nicht die Neteru geplündert.

16- Ich habe das Ackerland nicht brachliegen lassen.

22- Ich habe mich nicht verunreinigt.

34- Ich habe das Wasser nicht verschmutzt.

36- Ich habe nie die Neteru verflucht.

Neteru bedeutet die göttliche Essenz (Geister), die in allem leben – Pflanzen, Luft, Wasser, Mineralien … usw.

6.4 FRIEDE AUF ERDEN

Ein solcher Respekt für die Geister des Landes ist ein Anzeichen für ein friedliches („nicht angreifendes") Volk, das niemanden und auch kein Land verletzt. Ägypter an sich sind sehr friedliche Menschen. Die alten und Baladi-Ägypter haben ein fremdes Land in Krieg und Frieden stets nach reiflicher Überlegung – bezüglich des Landes und all seiner Bewohner (Menschen und andere) – betreten.

ENTDECKEN SIE DIE FREIMAURERISCHEN MÄCHTE ÄGYPTENS

7.1 DIE ÄGYPTISCHE FREIMAURERISCHE SYMPHONIE

Die Freimaurer behaupten, dass ihre Riten, ihr Wissen und ihre Traditionen in Ägypten verwurzelt sind. Die Freimaurer sind Mitglieder einer weitverbreiteten geheimen brüderlichen Gesellschaft namens *„Free and Accepted Masons"* (allgemein als „Freimaurerei" bekannt). Es gibt eine natürliche, instinktive Gemeinschaft und Sympathie zwischen ihren Mitgliedern. Moderne Freimaurer pochen auf ihre starke Verwurzelung im alten Ägypten.

Es ist interessant, dass der Obelisk und die Pyramide wichtige symbolische Formen für sie waren, lange bevor es die Ägyptologie und Archäologie gab. Die Gründerväter von Amerika (viele von ihnen waren Freimaurer), setzten die un-amerikanische Pyramide auf die Dollarnote, und wählte die Form eines Obelisken für die Gestaltung eines Denkmals für George Washington, selbst ein Freimaurer. Herodot, der Vater der Geschichte und gebürtiger Grieche, erklärte im Jahr 500 v.Chr.:

„Nun, lassen Sie mich mehr über Ägypten berichten, wo es viele bewundernswerte Dinge gibt und und was man dort sieht, ist jedem anderen Land überlegen."

Die überragenden altägyptischen Denkmäler sind die physische Manifestation ihres überlegenen kosmischen Wissens, denn – wie bei Asklepius III (25) in den Hermetischen Texten steht:

„... in Ägypten sind alle Anwendungen der geltenden und wirksamen Kräfte des Himmels auf die Erde hinunter übertragen worden ... man sollte eher sagen, dass der ganze Kosmos in (Ägypten) wie in seinem Heiligtum wohnt ..."

Deshalb müssen wir darauf verzichten, die alten ägyptischen Denkmäler als ein Wechselspiel von Formen gegen eine vage historische, archäologische Präsentation zu sehen. Stattdessen müssen wir versuchen, es als Behausung des Kosmos zu sehen, wie die Beziehung zwischen Form und Funktion.

Johann Wolfgang von Goethe (1749-1832) beschrieb die Architektur als „gefrorene Musik". Im alten Ägypten war Architektur belebte visuelle Musik – definitiv nicht eingefroren. Ägyptische Architektur und Kunst folgten den Prinzipien des harmonischen dynamischen Designs, das gleichermaßen für Klang und Form gilt. Ton und Form sind zwei Seiten derselben Medaille und ihre Beziehung zueinander ist den metaphysischen und physischen Aspekten des Universums gleichgesetzt.

Die physische Manifestation des Universums ist ein Meisterstück an Ordnung, Harmonie und Schönheit. Die Architektur der körperlichen Existenz wird von einer unsichtbaren, immateriellen Welt der reinen Form und Geometrie bestimmt.

Die alten Ägypter, die als „Macher" (Erbauer) bekannt waren/ sind, ließen ihr Wissen und ihre Weisheit in die belebte, energetische, produktive Arbeit einfließen. Das Design der altägyptischen Architektur basierte auf harmonischen Proportionen. Musikalische Harmonien basierten ebenfalls auf harmonischen Verhältnissen. Man sagte, dass Musik in Wirklichkeit Geometrie ist, die in Klang übersetzt wurde, weil in der Musik dieselben

Harmonien gehört werden können, die den architektonischen Proportionen zugrunde liegen.

Der berühmte Mozart war ein Freimaurer, genau wie sein Vater und viele bemerkenswerte Menschen zu seiner Zeit. Seine Musik war der Geist der Vergangenheit der alten ägyptischen Traditionen. Seine Krönung war die Freimaurer-Oper, in der die Macht des Freimaurertums durch die Verwendung freimaurerischer Symbole zur Macht der Musik wird.

7.2 PERSÖNLICHE DENKMÄLER ODER ENERGIEERZEUGER

Es ist die allgemeine Tendenz, die religiöse Funktion der alten ägyptischen Tempel zu ignorieren. Wir müssen versuchen, sie als das Verhältnis zwischen Form und Funktion zu sehen. Stattdessen werden sie von vielen als nur eine Kunstgalerie und/oder ein Zusammenspiel von Formen gegen eine vage historische Darstellung betrachtet. In Wirklichkeit war der ägyptische Tempel die Verbindung, das proportionale Mittel zwischen dem Makrokosmos (Welt) und dem Mikrokosmos (Mensch). Es war eine Bühne, auf der die Treffen zwischen den Neteru (Götter/Göttinnen) und dem König als Vertreter des Volkes aufgeführt wurden.

Der ägyptische Tempel war eine Maschine zur Erzeugung und Erhaltung göttlicher Energie zum Wohle aller. Es war der Ort, an den die kosmische Energie der Neteru (Götter/Göttinnen) kam, um sich niederzulassen und ihre Energien an Land und Leute abzugeben.

Die harmonische Kraft der Tempelpläne, die eingravierten Bilder an den Wänden und die Formen der Anbetung führten alle zum selben Ziel; einem spirituellen Ziel, da es das Ingangsetzen übermenschlicher Kräfte beinhaltete und einem praktischen Ziel, bei dem das erwartete Endergebnis die Aufrechterhaltung des Wohlstandes des Landes war.

Die Standortwahl und die Besonderheiten des Designs eines Tempels basierten nicht auf wirtschaftlichen Überlegungen, sondern eher auf einer tieferen Kenntnis des Makrokosmos. Die ägyptischen Tempel wurden nicht schnell gebaut oder von einem König allein. Solche Tempel wurden durch aufeinanderfolgende Könige im Laufe der Jahrhunderte gebaut. Ein gutes Beispiel dafür ist der riesige Komplex des großen Karnaktempels, der über einen Zeitraum von mehr als 1.500 Jahren gebaut wurde. Der Karnaktempel besitzt sechs Säulen und ist eine imposante und homogene Leistung, die einen harmonischen Plan von Gebäuden produzierte, die ungefähr einen Umfang von 2300 m abdecken. Es ist offensichtlich, dass der Gesamtplan vorab existierte und dass er denen bekannt war, die die Ergänzungen über einen Zeitraum von mehr als 1.500 Jahren vornahmen.

7.3 ARCHITEKTUR UND HEILIGE GEOMETRIE

Harmonisches Design wurde in der altägyptischen Architektur durch eine Vereinigung von zwei Systemen erreicht:

1. Arithmetik (signifikante Zahlen entlang einer Mittelachse)
2. Grafik (Quadrate, Rechtecke und ein paar Dreiecke).

Die Vereinigung der beiden Systeme spiegelt die Beziehung der Teile zum Ganzen, was die Essenz des harmonischen Designs ist. Wesentliche Punkte wurden entlang der Designachse bestimmt. Diese Punkte markieren die Kreuzungspunkte mit den Querachsen, der Ausrichtung einer zentralen Türöffnung, der Position eines Altars, dem Zentrum eines Heiligtums, etc. Diese wichtigen Punkte folgen einer genauen arithmetischen Progression. In vielen der besten Pläne liegen diese signifikanten Punkte in harmonischen Abständen voneinander, und ihre Abstände von einem Ende zum anderen drücken die Zahlen der Gesamtsumme (sogenannte Fibonacci-Reihe) aus: 2, 3, 5, 8, 13, 21, 34, 55, 89, 144, 233, 377, 610 . . .

Die harmonische Analyse zeigt eine Reihe von signifikanten

Punkten, die von beiden Enden her lesbar ist, das bedeutet, wenn sie invertiert (spiegelverkehrt) wird, würde ein System signifikanter Punkte ebenfalls mit der Zahlenreihe übereinstimmen, wenn der Bezugspunkt am entgegengesetzten Ende des Planes beginnt.

Die Summationsreihe (rekursive Sequenz) wurde in den ägyptischen Denkmälern seit dem Alten Reich genutzt. Das Design des Pyramidentempels von Khafra (Chephren) in Gizeh erreichte eine Summe von 233 Ellen in seiner Gesamtlänge, wie von der Pyramide aus gemessen mit einer kompletten Reihe aus zehn signifikanten Punkten. Der Karnaktempel folgt den Zahlen der Summationsreihe bis zu 610 Ellen, das bedeutet zwölf signifikanten Punkten.

(Siehe auch die Diagramme verschiedener altägyptischer Tempel in *„Die altägyptische metaphysische Architektur"* von Moustafa Gadalla)

7.4 LASST DIE ENERGIE FLIESSEN

Um die Einheit des Tempels aufrechtzuerhalten, müssen dessen Komponenten so miteinander verbunden werden, dass die kosmische Energie ungehindert durch seine Einzelteile fließen kann.

Die Einheit der Komponenten des Tempels müssen wie die Komponenten des menschlichen Körpers sein. Die Wände eines Tempels bestehen aus Blöcken und Ecken, und solche Komponenten (Blöcke) müssen in einer Weise zusammengefügt werden, die den Fluss der göttlichen Energie ermöglicht, genau wie bei den Körperteilen des Menschen. Es ist falsch zu denken, dass eine Verbindung zwischen zwei Komponenten/Teilen nur die strukturelle Stabilität der Teile und des gesamten Gebäudes gewährleistet.

Wir können Hinweise vom menschlichen Körper nehmen (dem

Haus der Seele), wenn wir die ägyptischen Tempel (das Haus der kosmischen Seele/Energie/Neteru) betrachten. Der menschliche Körper setzt sich aus Muskeln etc. zusammen, aber Venen und Nerven werden nicht an den Knochenpunkten des Skelettes unterbrochen. Die lebenden antiken ägyptischen Tempel waren ebenfalls so konstruiert. Basreliefs in allen Größen sowie Hieroglyphensymbole erstreckten sich in vollkommener Perfektion über zwei angrenzende Blöcke. Die Absicht ist ganz klar – den Verbindungspunkt zwischen den angrenzenden Blöcken (nebeneinander oder aufeinander) zu überbrücken.

Die Blöcke selbst wurden mit irgendeiner Art von Nerven-/Energiesystem zusammengefügt. Eine Fortsetzung des Energieflusses erforderte spezielle Verbindungsmuster. Diese Praxis der Verbindung der Blöcke war vorherrschend in jedem ägyptischen Tempel durch die gesamte bekannte Geschichte des alten Ägyptens hindurch.

(Weitere detaillierte Informationen finden Sie in *„Die altägyptische metaphysische Architektur”* von Moustafa Gadalla)

7.5 PYRAMIDENENERGIE

Uns wurde in der Schule beigebracht, dass die Pyramiden nichts weiter als Grabstätten waren, die von tyrannischen Pharaos gebaut wurden und dass man beim Bau dieser Pyramiden Sklaven dazu benutzt hat, diese großen Steine auf vorübergehenden Rampen hoch zu schleppen. Diese weitverbreitete Auffassung ist nicht bewiesen. Wenn man die Fakten untersucht, speziell wenn man die Pyramiden besucht, wird man feststellen, dass diese weitverbreiteten Ansichten so unglaublich unlogisch sind, dass Sie möglicherweise selbst daran zu zweifeln beginnen.

Hier bieten wir Ihnen ein wenig Informationen über „Pyramidenenergie“. Viele Forscher fanden heraus, dass es irgendeine Eigenschaft der Pyramidenform gab, die verantwortlich war für ihre außergewöhnlichen Kräfte. Sie experimentierten mit verschiedenen Gegenständen, indem sie jedes Teil in der entsprechenden Position des „Königszimmers" innerhalb eines maßstabsgetreuen Modells einer korrekt ausgerichteten Pyramide platzierten. Sie fanden heraus, dass sehr leicht verderbliche Materialien konserviert wurden, altmodische stumpfe Karbonstahl-Rasierklingen nach einem Aufenthalt über Nacht wieder ihre Schärfe zurückerlangten usw. Viele schlossen daraus, dass die Pyramidenform selbst dafür verantwortlich war, die irgendwie die physischen, chemischen und biologischen Prozesse änderte, die innerhalb dieser Form abliefen. Diese Experimente führten zu dem Phänomen, das als „Pyramid Power" (Pyramidenenergie) bekannt wurde.

Man spürt die Energie dieser ägyptischen Pyramiden innen und außen, weil ihre Konfigurationen harmonisch proportioniert sind. Die Pyramiden wurden harmonisch proportioniert, um in derselben Weise zu wirken/funktionieren wie Gewächshäuser („greenhouses"), das bedeutet, um bestimmte Energien anzuziehen und zu bewahren. Im Falle der ägyptischen Pyramiden sollte man es eher „Bluehouse" Effekt nennen. Im Falle des Treibhauseffekts („Greenhouse"-Effekts) handelt es sich um die Speicherung der Wärme des Sonnenlichts auf der Erdoberfläche, was durch das atmosphärische Kohlendioxid verursacht wird, welches die kurzwellige Strahlung durchlässt, aber die langwellige Strahlung absorbiert, die von der Erde abgestrahlt wird. Im Falle des „Bluehouse"-Effekts speichert das Gebäude die Orgonenergie. Orgon kommt aus dem Weltraum. Es ist das, was die Sterne funkeln lässt und den Himmel blaumacht.

Das Thema der Pyramiden kann nicht auf ein paar wenigen Seiten abgehandelt werden. Für einen umfassenden Bericht über dieses Thema lesen Sie *Eine neue Betrachtung der ägyptischen Pyramiden"* von Moustafa Gadalla.

DIE SCHRIFT AN DEN (ÄGYPTISCHEN) WÄNDEN LESEN

8.1 DIE ART DER ÄGYPTISCHEN KUNST

Kunst, wie alles im ägyptischen Leben, war ein Teil des Masterplans des Menschen und des Universums. Die Ägypter waren in der Lage, ihre gesamte Umgebung auf ein rationales und endliches System zu reduzieren. Dementsprechend hatte die Kunst einen Grundsatz von Proportionen, denen sie entsprechen sollte. Folglich spiegelten der Grundriss und die Höhe von ägyptischen Gebäuden und Statuen etc. eine bestimmte und bedeutsame mathematische Ordnung.

Die sorgfältige Definition der verschiedenen Ebenen dieses kubischen Universums enthüllt sich in einer Kunstform, die im Wesentlichen zweidimensional ist. Um dreidimensionale Objekte auf einer ebenen Fläche darzustellen, vermieden die Ägypter die perspektivische Lösung des Problems. Das ergab ein zweidimensionales Profil mit Ausnahme von einigen Teilen des Körpers, wie den Augen und manchmal den Hörnern.

Der ägyptische Künstler präsentierte in seiner Arbeit eher die Idee der Objekte anstatt ihrer exakten Umsetzung in einem räumlichen Kontext. Ihr kreatives künstlerisches Konzept ist ähnlich wie Gottes schöpferisches Handeln. Als Ergebnis des Wort Gottes (Äußerung) wurde die Welt geschaffen.

In ähnlicher Weise besitzt jedes kreative Kunstwerk, auch eine Statue, Inschriften, die die Handlungen beschreiben oder ihren Zweck ebenso wie die Namen der Akteure erklären. Zusätzlich hatte sich jede Statue, Malerei, Relief oder Gebäude bei seiner Fertigstellung dem „Ritual der Mundöffnung" zu unterziehen, um sicherzustellen, dass es von einem leblosen von Menschen gemachten Produkt in ein lebendiges Teil der göttlichen Ordnung, geladen mit göttlicher Energie, transformiert wurde. Das Endergebnis ist eine nicht gefrorene, lebendige, dynamische, ausdrucksstarke und aktive „Kunst".

8.2 DIE DYNAMISCHEN WÄNDE (FLACHRELIEFS)

Die ägyptischen Skulpturen, Friese und Bilder wurden sorgfältig nach harmonischen, geometrischen und proportionalen Gesetzen geplant. Die Wände der ägyptischen Tempel wurden mit belebten Bildern bedeckt – einschließlich Hieroglyphen – um die Kommunikation zwischen oben und unten zu erleichtern. Der ägyptische Rahmen war in der Regel ein Quadrat, das die manifestierte Welt (Quadratur des Kreises) darstellte. Darüber hinaus hatte das quadratische Gitter selbst die symbolische Bedeutung der manifestierten Welt, was es leichter machte, die „Wurzelrechtecke" („root rectangles") von 2, 3 und 5 vom/innerhalb des quadratischen Hintergrundes zu konstruieren. Die Ecken der Quadrate und Wurzelrechtecke wurden durch Einschnitte entlang des Umfangs oder sorgfältig durch eingeritzte Linien definiert.

Ein Design, das auf Wurzelrechtecken basiert, wird „Generatives dynamisches Design" (Generative Gestaltung) genannt, das nur die Ägypter praktizierten. Sakrale ägyptische Gegenstände und Gebäude haben eine Geometrie, die auf der Aufteilung des Raumes durch die Wurzelrechtecke und ihrer Ableitung, wie dem Goldenen Schnitt („Neb") basiert. Die Zusammensetzung des ägyptischen Flachreliefs zeigt, dass ihre Designer das Bild, genauso wie die Anordnung der Hieroglyphen, proportionierten durch die Anwendung von zusammengesetzten quadratischen Teilrechtecken auf einem Quadrat. Die Umrisse des Hauptquadrates sind mittels kurzer Profile vorsichtig in den Stein eingeritzt.

Praktisch alle Figuren an den Wänden der ägyptischen Gebäude sind im Profil dargestellt, was auf eine Aktion und Interaktion zwischen den verschiedenen symbolischen Figuren hindeutet. In den Darstellungen ist eine Vielzahl von Handlungen ersichtlich. Wandbilder zeigen sehr aktive und interaktive Handlungen mit einer erstaunlichen Symbolik. Ein gängiges Beispiel ist es, wie einige Gestalten mit zwei rechten/linken Händen dargestellt werden.

Eine aktive rechte Hand symbolisiert das Geben. Eine aktive linke Hand zeigt das Empfangen. Wenn die symbolische Rolle der Person, die gänzlich aktiv ist, dargestellt wird, dann wird sie mit zwei rechten Händen gezeigt. Wenn ihrer Rolle völlig passiv ist, hat sie zwei linke Hände.

8.3 KOSMISCHES BEWUSSTSEIN ODER PROFANE KUNST

Die Szenen der täglichen Aktivitäten, die in den ägyptischen Gräbern gefunden wurden, zeigen eine starke und andauernde Verbindung zwischen der Erde und dem Himmel. Die Szenen bieten grafische Darstellungen aller Arten von Aktivitäten: Jagd, Fischerei, Landwirtschaft, Gerichtshöfe und alle Arten von Kunst und Handwerk. Das Porträtieren dieser alltäglichen Aktivitäten in Gegenwart der Neteru (Götter/Göttinnen) oder mit ihrer Hilfe zeigt ihre kosmische Entsprechung – eine starke, andauernde Wechselwirkung zwischen der Erde und dem Himmel. Auf diesen dauerhaften Zusammenhang – das kosmische Bewusstsein – wies auch Asklepios in seinen *Hermetischen Schriften* III (25) hin:

Jede Aktion, egal wie banal, hatte in gewissem Sinn eine entsprechende kosmische Handlung: Pflügen, Säen, ernten, brauen, die Größenbemessung eines Bierkrugs, der Bau von Schiffen, Kriegsführung, Spielen – alles wurde als irdische Symbole für göttliche Aktivitäten angesehen. Mit anderen Worten, für die alten (und Baladi) Ägypter hatte jeder „physische" Aspekt des Lebens eine symbolische (metaphysische) Bedeutung. Aber auch jeder symbolische Akt des Ausdrucks hatte einen „materiellen" Hintergrund. Wie oben so unten und wie unten so oben.

8.4 SYMBOLISMUS

Ein Symbol ist definitionsgemäß nicht das, was es darstellt, sondern das, wofür es steht, was es vermuten lässt. Ein Symbol enthüllt dem Geist eine andere Wirklichkeit als sich selbst. Wörter vermitteln Informationen; Symbole wecken Verständnis.

In den ägyptischen Tempeln verwendeten die alten Ägypter Bildsymbole, um metaphysische Konzepte darzustellen. Wie das Sprichwort sagt, *„ein Bild sagt mehr als tausend Worte".* In der ägyptischen Symbolik offenbart sich die exakte Rolle der Neteru (Götter/Göttinnen) in vielerlei Hinsicht: durch Kleidung, Kopfschmuck, Krone, Feder, Tier, Pflanze, Farbe, Position, Größe, Geste, heiliges Objekt (z. B. Dreschflegel, Zepter, Personal, Ankh) usw.

Ein ausgewähltes Symbol steht für die Funktion oder das Prinzip gleichzeitig auf allen Ebenen – angefangen von der einfachsten, offensichtlichsten physischen Manifestation jener Funktion bis hin zur abstraktesten und metaphysischsten. Diese Symbolsprache stellt eine Fülle von physischen, physiologischen, psychologischen und spirituellen Daten in diesem gezeigten Symbol dar.

8.5 TIERSYMBOLIK

Für die alten Ägypter symbolisierte und verkörperte jedes Tier/
jeder Vogel bestimmte göttliche Funktionen und Prinzipien in
besonders reiner und auffälliger Art und Weise. Als solches sind
die Tiere oder die tierköpfigen Neteru (Götter/Göttinnen) der
symbolische Ausdruck eines tiefen spirituellen Verständnisses.
Wenn ein vollständiges Tier im alten Ägypten dargestellt ist,
repräsentiert es eine bestimmte Funktion/eine Eigenschaft in
seiner reinsten Form.

Wenn eine tierköpfige Gestalt dargestellt ist, vermittelt sie diese
bestimmte Funktion/Eigenschaft im Menschen. Nehmen wir als
Beispiel den Hund, der das Wesen der geistigen Führung ver-
körpert. Der Hund/Schakal ist bekannt für seinen zuverlässigen
Instinkt, stets nach Hause zu finden, bei Tag oder Nacht. Der
Hund ist sehr nützlich bei der Suche und das Tier der Wahl, um
Blinde zu führen. Als solches ist er eine ausgezeichnete Wahl, um
die Seele des Verstorbenen durch die Regionen der Duat zu führen.

Die metaphysische Rolle des Anubis wird durch die Ernährung
des Hundes widergespiegelt. Der Hund/Schakal ernährt sich von
Aas, indem er es in eine vorteilhafte Nahrung verwandelt. Mit
anderen Worten stellt Anubis die Fähigkeit dar, Abfall in nützli-
che Nahrung für den Körper (und Geist) umzuwandeln – wie in
alchemistischer Weise Blei in Gold verwandelt wird.

Mehrere Beispiele von Tiersymbolik finden Sie in: *"Egyptian
Divinities: The All Who Are THE ONE"* von Moustafa Gadalla.

8.6 DIE DREI FUNKTIONEN JEDES
HIEROGLYPHENBILDES

Die Bildsprache der alten Ägypter, die eine große Anzahl von
Bildsymbolen umfasst, wird gewöhnlich „Hieroglyphen"
genannt. Das Wort „Hieroglyphe" bedeutet „Heilige Schrift" (hie-

ros = heilig, glyphein = einritzen). Das metaphorische und symbolische Konzept der Hieroglyphen wurde von allen frühen Autoren, die hierzu etwas schrieben, wie Plutarch, Diodor, Clement, usw. einstimmig anerkannt.

Die „*Hieroglyphika*" von Horapollo ist die einzig wahre hieroglyphische Abhandlung, die aus der Antike übrig geblieben ist. Sie besteht aus zwei Büchern, von denen das eine 70 und das andere 119 Kapitel enthält, die jeweils von einer bestimmten Hieroglyphe handeln. Die Beziehungen zwischen Zeichen und Bedeutung waren gemäß Horapollo immer allegorischer Natur, und wurde immer mittels „philosophischer Argumentation" begründet.

Dementsprechend hat jede Hieroglyphe eine kurze Überschrift, die entweder die Hieroglyphe selbst in einfachen Worten wie zum Beispiel „die Erklärung des Bildes eines Falken" beschreibt, oder aber das Wesen des allegorischen Gegenstandes erklärt, wie zum Beispiel „was die Ewigkeit bedeutet" oder „was das Universum bedeutet".

Ebenso nennt uns Clemens von Alexandria in seiner *Stromateis, Buch V, Kapitel IV (20)*, die beiden Hauptrollen (wörtlich und symbolisch) der ägyptischen Hieroglyphen und wie sie später (symbolisch) zwei Funktionen erfüllen – als Figur und als Allegorie (mystisch):

> *„Die ägyptische Hieroglyphenschrift, die teilweise buchstäblich zu nehmen ist und andererseits symbolisch. Von der symbolischen Art bezeichnet eine Variante etwas buchstäblich, eine, indem sie seine Form als Bild wiedergibt und eine Dritte ist allegorisch und und verwendet bestimmte Rätsel".*

[I] Über die erste Funktion – buchstäblich durch Nachahmung – fährt Clemens in *Stromateis, Buch V, Kapitel IV (20)* fort:

> *„Wenn sie z. B. das Wort „Sonne" schreiben wollen, machen sie*

*einen Kreis und für das Wort „Mond" machen sie eine mond-
ähnliche Form, genauso wie er aussieht."*

[II] Über die zweite Funktion – die figürliche – sagt Clemens in
Stromateis, Buch V, Kapitel IV weiter:

*„Aber mit dem figürlichen Stil, durch eine Vertauschung und
Umschreibung, durch Veränderung und Umgestaltung in viel-
facher Weise, so wie es ihnen gefällt, zeichnen sie Eigenschaften."*

[III] Über die dritte Funktion – die Allegorische – führt Clemens
in Stromateis, Buch V, Kapitel IV (21) weiter aus:

*„Das folgende soll als ein Beispiel für die dritte Art sein – das
Rätselhafte. Denn die restlichen Gestirne haben sie aufgrund
ihrer gewundenen Bahnen als die Körper von Schlangen dargestellt; aber die Sonne wie einen (Mist)Käfer, weil er Kugeln
aus Rinderdung form und diese vor sich herrollt."*

*Und sie sagen, dass dieses Tier sechs Monate unter der Erde lebt und
die andere Hälfte des Jahres auf der Erde, über dem Boden, und seinen
Samen in die Kugel ergießt und sich so fortpflanzt und dass es keinen
weiblichen Käfer gäbe."*

Clemens, wie alle klassischen Autoren des Altertums, behauptet,
dass die ägyptischen Hieroglyphen die echten Bilder des göttlichen Gesetzes darstellen. Die Beziehungen zwischen Zeichen
und Bedeutung waren immer von einer allegorischen Natur und
wurden mittels *„philosophischer Argumentation"* begründet.

Zusammenfassend ist die symbolische ägyptische Hieroglyphen-
schrift grundsätzlich in drei Funktionen aufgeteilt:

1) die Imitative (bei der ein Objekt sich selbst darstellt),

2) die Symbolische (ein Objekt steht für eine seiner Eigenschaften) und

3) die Allegorische (ein Objekt wird durch rätselhafte Gestaltungsprozesse mit etwas verknüpft).

In der Tat beschreiben diese Kategorien Beziehungen zwischen visuellen Formen und deren Bedeutung. Eine visuelle Form kann mimetisch oder nachahmend sein, und direkt die Eigenschaften des Objekts kopieren, das es darstellt; es kann assoziativ sein, was auf Attribute hindeutet, die visuell nicht vorhanden sind, wie abstrakte Eigenschaften, die sich nicht buchstäblich abbilden lassen; und schließlich kann es symbolisch sein (was nur dann sinnvoll ist, wenn es gemäß den Konventionen oder anhand von Wissenssystemen entschlüsselt wird) also nicht von Natur aus sichtbar, aber durch visuelle Mittel kommunizierbar.

Viel mehr über dieses Thema erfahren Sie in *„Die metaphysische Sprache der ägyptischen Hieroglyphen"* von Moustafa Gadalla.

9

DIE AUSDEHNUNG DER ALTÄGYPTISCHEN ZIVILISATION

9.1 DAS ZEITALTER DER ALTÄGYPTISCHEN ZIVILISATION

Herodot berichtet, dass er von ägyptischen Priestern informiert wurde, dass *„die Sonne zweimal untergegangen ist, wo sie jetzt aufgeht und zweimal aufgegangen, wo sie jetzt untergeht".* Diese Aussage zeigt, dass die alten Ägypter ihre Geschichte über einen Zeitraum von mehr als einem Tierkreiszyklus von 25.920 Jahren zählten.

Die altägyptische Geschichte erstreckt sich über einen vollständigen Tierkreis-Zyklus von 25.920 Jahren plus einen Teil des Tierkreiszyklus zwischen dem Jahr 10.948 vor unserer Zeitrechnung (dem Anfangspunkt unseres heutigen Tierkreis-Zyklus) und dem Ende des Zeitalters des Widders, als das alte Ägypten seine Unabhängigkeit verlor. Somit ist die Antike des alten Ägyptens (25.920 + (10948 – 148)) = 36.720 Jahre alt.

Dass die alte ägyptische Zivilisation mehr als 36.000 Jahre alt ist – und im weiteren Sinne, dass das Leben auf der Erde so alt ist – geht dem christlichen/westlichen Establishment gegen den Strich. Demzufolge wurde kontinuierlich wiederholt, dass Pharao Mena (ca. 31. Jahrhundert v.Chr.) den Ruf hatte, Ägypten „vereint" zu haben und die ägyptische Zivilisation begründete.

Die Chronologie der alten ägyptischen Pharaonen seit der Zeit Menas kam im Grunde von Manetho im 3. Jahrhundert v.Chr. Manethos Arbeit hat nicht überlebt – wir kennen nur die Kommentare darüber von Sextus Africanus (ca. 221 v.Chr.) und Eusebius von Caesarea (ca. 264-340 v.Chr.).

Nach Eusebius schrieb Manetho dem pharaonischen Ägypten ein antikes Alter von 36.000 Jahren zu, was mit den Berichten von Herodot übereinstimmt. Dies stimmt grundsätzlich auch mit anderen Berichten überein und mit Beweisfunden, wie Diodor von Sizilien (Diodor I, 24) und das altägyptische Dokument, das als Turiner Papyrus bekannt ist – einem echten ägyptischen Dokument aus der 17. Dynastie (ca. 1400 v.Chr.).

Die physischen Beweise stützen das frühantike Alter des alten Ägyptens – trotz der Tatsache, dass so viele archäologische Beweise aus dieser entfernten Zeit tief unter dem derzeitigen Grundwasserspiegel begraben liegen, aufgrund des Phänomens des steigenden Niltals – wobei die Verschlammung der jährlichen Fluten kontinuierlich die Geländehöhe gehoben hat und demzufolge auch den Grundwasserspiegel.

Ein Nachweis stammt aus vielen altägyptischen Texten, Tempeln und Gräbern, die die Berichte der griechischen und römischen Autoren erhärten. Zum Beispiel beziehen sich die Tempel in ganz Ägypten darauf, ursprünglich viel früher erbaut worden zu sein, als ihre „dynastische Geschichte".

Die Texte in den Krypten des Hathor-Tempels in Dendera geben klar an, dass der Tempel, der während der ptolemäischen Ära restauriert wurde, auf Zeichnungen basiert, die sich auf König Pepi aus der 6. Dynastie (2400 v.Chr.) datieren lassen. Die Zeichnungen selbst sind Kopien von Dokumenten, die Tausende von Jahren älter sind, aus der Zeit der *__Diener des Horus__*.

(Detailliere und ausführliche Ausarbeitung dieses Themas finden Sie in dem Buch *„Ancient Egyptian Culture Revealed"* von Moustafa Gadalla.)

9.2 DAS BEVÖLKERUNGSREICHSTE, REICHSTE UND EINFLUSSREICHSTE

Ägypten war das dominierendste, bevölkerungsreichste und berühmteste Land in der antiken Welt, wie Diodor bestätigt, *Buch I, (31, 6-9),*

> *„Die Bevölkerungsdichte Ägyptens übertraf bei Weitem alle damals bekannten Regionen der bewohnten Welt, und selbst in unseren Tagen ist sie unübertroffen ..."*

Oberflächlich betrachtet, scheint das alte Ägypten isoliert und getrennt vom Rest der Welt, isoliert von den Wüsten, die das enge Niltal säumen. Doch die Ägypter waren in ständigem Kontakt mit anderen Ländern. Klassische Autoren wie Plutarch, Herodot und Diodor erzählten, wie das alte Ägypten friedliche Kolonien in der ganzen Welt hatte. In Diodor von Sizilien, Buch I, (29, 5), heißt es:

> *„Im Allgemeinen sagen die Ägypter, dass ihre Vorfahren zahlreiche Kolonien in viele Teile der bewohnten Welt schickten, wegen des Vorrangs ihrer damaligen Könige und ihrer übermäßigen Bevölkerung."*

Diodor, *Buch I, (28, 1-4),* erzählt von einigen ägyptischen friedlichen Kolonien, die ihm aus Asien und Europa gemeldet wurden:

> *„... eine große Anzahl von Kolonien breitete sich von Ägypten über die gesamte bewohnte Welt aus. Nach Babylon, zum Beispiel, wurden die Kolonisten von Belus geführt, der für einen Sohn des Poseidons und der Lybia gehalten wurde ...*
>
> *... Sie sagen auch, dass diejenigen, die mit Danaus vorangeschickt worden sind, ebenfalls aus Ägypten, sich in der ältesten*

Stadt Griechenlands, in Argos, ansiedelten und dass die Nation der Colchi in Pontus und die der Juden, die zwischen Arabien und Syrien liegt, als Kolonien von gewissen Emigranten aus ihrem Land gegründet wurden ..."

Aufgrund der Überlegenheit der ägyptischen Kolonisten in Asien und Europa spielten sie eine wichtige Rolle in den Ländern ihrer neuen Siedlungen. Diodor, *Buch I, (28,6-7)*, diskutiert die bedeutende Rolle der ägyptischen Kolonisten als Herrscher dieser neuen Kolonien.

Schließlich sei darauf hingewiesen, dass es in den alten ägyptischen Aufzeichnungen (sowie Aufzeichnungen in anderen Gebieten) unzählige Namen von Orten auf der Welt gibt, die in unserer heutigen Zeit nicht zuzuordnen sind. Die Namen von Orten, ethnischen Gruppen und Ländern ändern sich ständig. Die Namen der europäischen Länder vor gerade mal 100 Jahren, zum Beispiel, sind den meisten heutigen Europäern völlig unbekannt. Schließlich, wenn diese Aufzeichnungen verschwinden, in ein paar Jahrhunderten von heute aus gerechnet, werden die Namen dieser Länder völlig unkenntlich sein.

In zahlreichen Orten der Welt, gibt es Hinweise auf gebräunte/braunhäutige Menschen, die Erleuchtung in die Gebiete auf der ganzen Welt gebracht haben. Sie werden beschrieben als:

1. von „orientalischer" Herkunft und Eigenschaften.
2. UN-kriegerisches Volk, das sich friedlich inmitten der lokalen Bevölkerung niedergelassen hat.
3. hoch entwickelt in der Metallurgie, und haben große Mengen von Metallerzeugnissen hergestellt.
4. sehr gut organisiert und sehr talentiert im Management.
5. weit fortgeschritten bei Trockenfeldbau, Bewässerung, etc.
6. erfahrene Bauherren und Handwerker, und sie bauten Megalithgräbern usw.

7. sehr religiöse Menschen, die einen animistischen Glauben
   hatte.

Die obige Beschreibung kann nur auf ein Land passen – Ägypten.

Die Einwanderung aus Ägypten trat in mehreren Wellen auf. Sie
war eng verknüpft mit den Ereignissen im alten Ägypten. Einige
gingen in guten Zeiten, um Geschäftskontakte zu verfolgen. Die
Mehrheit ging in stressigen Zeiten.

Weitere Informationen über die ägyptischen Einwanderungswellen in die südliche Sahara und ins Innere Afrika lesen Sie in
„Exiled Egyptians: The Heart of Africa" von Moustafa Gadalla. Weitere Informationen über die ägyptischen Einwanderungswellen
auf die Iberische Halbinsel, lesen Sie in *"Egyptian Romany: The
Essence of Hispania"* von Moustafa Gadalla.

AUSGEWÄHLTE LITERATURHINWEISE

Badawy, Alexander. *Ancient Egyptian Architectural Design.* Los Angeles, CA, USA, 1965.

Baines, John und Jaromir Málek. *Atlas of Ancient Egypt.* New York, 1994.

Budge, Sir E.A. Wallis. *Egyptian Language, Easy Lessons in Egyptian Hieroglyphics.* New York, 1983.

– *The Gods of the Egyptians,* 2 Bände. New York, Dover, 1969.

– *Osiris & The Egyptian Resurrection* (2 Bände.). New York, 1973.

De Cenival, Jean-Louis. *Living Architecture.* Tr. by K.M. Leake. New York, 1964.

Diodorus of Sicily. *Books I, II, & IV,* tr. By C.H. Oldfather. London, 1964.

Egyptian Book of the Dead (The Book of Going Forth by Day), The Papyrus of Ani. USA, 1991.

Erman, Adolf. *Life in Ancient Egypt.* New York, 1971.

Erman, Adolf. *The Literature of the Ancient Egyptians.* Tr. von A.M. Blackman. London, 1927.

Gadalla, Moustafa.

– siehe Liste von Veröffentlichungen am Ende des Buches

Herodotus. *The Histories,* tr. A. de Selincourt. New York and Harmondsworth, 1954.

Iversen, Erik. *The Myth of Egypt & Its Hieroglyphs*. Copenhagen, 1961.

James, T.G.H. *An Introduction to Ancient Egypt*. London, 1979.

Kastor, Joseph. *Wings of the Falcon, Life and Thought of Ancient Egypt*. USA, 1968.

Piankoff, Alexandre. *The Litany of Re*. New York, 1964.

– *The Pyramid of Unas Texts*. Princeton, NJ, USA, 1968.

– *Mythological Papyri*. New York, 1957.

– *The Shrines of Tut-Ankh-Amon Texts*. New York, 1955.

Plato. *The Collected Dialogues of Plato including the Letters*. Edited von E. Hamilton & H. Cairns. New York, USA, 1961.

Plotinus. *The Enneads*, in 6 Bänden, Tr. von A.H. Armstrong. London, 1978.

Plutarch. *Plutarch's Moralia*, Volume V. Tr. von Frank Cole Babbitt. London, 1927.

Strabo, *The Geography of Strabo*, Tr. von Jones, Horace Leonard. London, 1917.

Wilkinson, J. Gardner. *The Ancient Egyptians: Their Life and Customs*. London, 1988.